AF461201

DU RÉGIME ET DU RACHAT

DES CHEMINS DE FER

PAR LÉOPOLD BRESSON

Ancien Directeur général de la Société autrichienne des Chemins de fer de l'Etat

PARIS

IMPRIMERIE NOUVELLE (ASSOCIATION OUVRIÈRE)

11, RUE CADET, 11

1882

DU MÊME AUTEUR

Idées modernes. — Cosmologie. — Sociologie. — Paris 1880, chez C. Reinwald, libraire, 15, rue des Saints-Pères.

Réorganisation militaire. — Fortifications. — Chemins de fer. — Paris 1881, Librairie militaire, 30, rue et passage Dauphine.

DU RÉGIME ET DU RACHAT

DES

CHEMINS DE FER

Après avoir, pendant de longues années, dirigé la construction et l'exploitation de chemins de fer étrangers, rentré en France, j'ai été conduit par une curiosité et un intérêt faciles à comprendre, à étudier le régime des chemins français, aux premiers développements desquels j'assistais, il y a plus de quarante ans, élève des Ponts et Chaussées, en mission sur les chemins de fer d'Alsace.

J'ai fait cette étude avec une entière indépendance d'esprit et de position.

Je n'ai point la prétention de proposer une solution immédiate et complète des questions si difficiles, si compliquées, que soulèvent le régime et le rachat des voies ferrées. Mais une discussion consciencieuse y peut jeter quelque lumière. C'est pourquoi je me suis décidé, non sans hésitation, le jugeant imparfait, à livrer mon travail à la publicité. On y trouvera surtout un résumé, que je me suis efforcé de faire exact, des précédents et de la situation actuelle de nos chemins de fer. Malgré le soin que j'y ai mis, on y rencontrera, sans doute, des erreurs de chiffres et même d'interprétation, qui ne sont point toutefois assez graves, je l'espère, pour modifier sensiblement mes conclusions.

Quant aux redites, en un pareil sujet sur lequel on a déjà tant écrit et discuté, elles sont inévitables et ne peuvent compromettre que l'amour-propre de l'auteur.

I

Résumé historique

Les origines (note du *Moniteur* du 11 sept. 1832.)

§ I. — Il y aura bientôt cinquante ans — c'était le 11 septembre 1832 — le *Moniteur*, journal officiel de l'époque, publiait une « Note sur les chemins de fer, les canaux et les voies de terre », évidemment inspirée ou rédigée par le ministère des travaux publics. Cette note commençait ainsi : « Les chemins de fer paraissent destinés à exer- « cer une grande influence sur les progrès de notre civilisation et de « notre industrie. » Prévision à coup sûr très fondée. La note continuait : « Un moyen aussi fécond de prospérité ne pouvait échapper à « la sollicitude du gouvernement. » Naturellement. « Mais ces vastes « opérations veulent être abordées avec quelque réserve, et l'admi- « nistration ne doit pas ouvrir témérairement une carrière sans en « avoir à l'avance mesuré et signalé l'étendue. »

Malgré cette prétention, bien administrative, de mesurer à l'avance la carrière à parcourir et de substituer la sagesse du gouvernement aux calculs et aux inspirations de l'intérêt privé, le point de départ et l'esprit de la note officielle n'étaient pas mauvais. L'administration voulait, en effet, rechercher le maximum de la dépense, et le minimum de produit sur lequel on pouvait raisonnablement compter ; puis, « provoquer l'intervention des compagnies, et appeler à son « aide l'esprit d'association qui seul peut en définitive réaliser ces « immenses entreprises. L'Etat ne doit point se charger lui même des « travaux : c'est à l'intérêt particulier qu'il faut en remettre le soin. » Ces dernières affirmations étaient fort nettes, assez avancées pour l'époque, et très conformes, quoique trop absolues, aux tendances du vrai progrès social.

D'une part, une commission d'ingénieurs fut chargée de préparer les études d'un système de chemins de fer qui, partant de la capitale, aboutiraient à Rouen et au Havre, à Lille, à Strasbourg, à Lyon et Marseille, à Bordeaux, à Tours et à Nantes.

D'autre part, une enquête commerciale devait être ouverte, par les préfets et par les Chambres de commerce, dans tous les départements traversés, pour évaluer la masse probable des transports, et déterminer les éléments des tarifs à concéder.

On devait arriver ainsi à une estimation suffisamment approximative des dépenses, des recettes et par suite des conditions de la concession. Tels étaient les projets et l'espoir du gouvernement. — Mais s'il était possible d'évaluer la dépense de construction du sroc de la voie, de ce qu'on nomme l'infrastructure, des nouveaux chemins de fer, il n'était pas facile de faire cette évaluation pour la voie proprement dite, dont les éléments, bois et fers, devaient subir des variations de prix considérables; pour les gares, stations, ateliers, magasins; pour le matériel roulant, toutes choses dont les développements et la dépense dépendaient du trafic, et demeuraient subordonnés aux progrès, aux transformations de l'industrie du fer et des machines. Il était plus difficile encore de prévoir l'importance de ce trafic, et par suite des recettes, à une époque où un homme qui ne manquait pas habituellement de perspicacité, M. Thiers, énonçait à la tribune cette monstruosité industrielle, que les chemins de fer ne serviraient et ne devaient être établis qu'entre des villes, telles que Paris et Versailles, dont l'une allait fréquemment visiter l'autre.

On peut donc affirmer que les dépenses, les tarifs et les recettes, c'est-à-dire les données essentielles de la construction et de l'exploitation des nouvelles voies de communication, par suite, les conditions économiques et financières de la concession de ces voies à des entreprises privées, échappaient à toute prévision sérieuse.

Situation actuelle Question de réforme.

§ 2. — Il est permis dès lors, et curieux de rechercher quelles eussent dû être ces conditions, si les commissions d'ingénieurs, d'industriels, de commerçants, les conseils, l'administration, le gouvernement enfin, avaient su que, cinquante ans plus tard, les chemins de fer construits et exploités auraient, en France, une longueur de 26,000 kilomètres, représentant un capital de 10 milliards; qu'ils transporteraient par an 150 millions de voyageurs et 70 millions de tonnes de marchandises; que la recette brute annuelle des chemins exploités s'élèverait à près de un milliard de francs; que les premières et grandes lignes concédées rapporteraient, à leurs actionnaires primitifs, quelques-unes 10 0/0, 15 0/0 d'intérêt, et, en général, plus de 6 0/0.

Le résultat de ces recherches n'aurait pas seulement un intérêt historique ou théorique, mais un intérêt parfaitement actuel; et voici pourquoi.

La situation du réseau français, tel qu'il existe aujourd'hui, résulte des tâtonnements inévitables, aussi bien des Compagnies que du gouvernement, de concessions dont la durée, l'étendue, les charges financières, ont été tantôt augmentées, tantôt diminuées, maintes fois modifiées de toutes manières. Nous avons les grandes lignes et les petites, le premier, le deuxième, le troisième, le quatrième réseau ; les chemins d'intérêt local ; ceux qui sont subventionnés ou garantis et ceux qui ne le sont pas.

Cette situation est compliquée, et ce n'est point là un vice constitutionnel : la perfection ne suppose point nécessairement la simplicité ; c'est même le propre des organismes supérieurs de la vie sociale, aussi bien que de la vie organique, de se compliquer, de se différencier en se perfectionnant. Mais il faut reconnaître qu'elle ne répond point à ce goût, à ce besoin d'unité, de coordination, qui caractérise l'esprit français ; et qu'elle soulève d'ailleurs, au sujet des prix et de la sécurité des transports, des réclamations plus ou moins fondées, qui préoccupent l'opinion publique et s'imposent à l'examen du gouvernement.

La question de la *Réforme des chemins de fer* est, en un mot, à l'ordre du jour.

Cette question, avec tous les éléments dont elle se complique, avec tous les intérêts qui y sont engagés, n'est certes point d'une solution facile. J'essaierai cependant de l'aborder, et voici comment je la pose.

Si, dès l'origine, on avait connu l'avenir réservé aux chemins de fer, quel régime aurait-il fallu adopter dans l'intérêt public qui est ici prépondérant, pour la construction, l'exploitation, l'extension de ces voies nouvelles ?

Si le mouvement des choses naturel et imprévu, ou même, si l'on veut, désordonné et mal dirigé, nous a écartés de ce régime, comment faut-il y revenir, par le plus court chemin, en tenant compte des précédents, et sans léser les intérêts légitimement acquis ?

Pour répondre à ces questions, et avant d'essayer de le faire, il est nécessaire de connaître ces intérêts et ces précédents, et d'entreprendre un exposé rapide de la formation du réseau français.

Dans cette revue rétrospective, nous rencontrerons des mesures générales, applicables à tout le réseau construit ou à construire ; et des dispositions spéciales, prises en vue de certaines lignes et de certaines compagnies. Ces dispositions spéciales, qui constituent les actes de concession et les cahiers des charges de ces Compagnies, forment la partie la plus importante de l'histoire des chemins de fer. Elles traduisent, à chaque époque, l'esprit qui inspirait les actes législatifs ou administratifs ; mais comme elles varient plutôt d'une époque à la suivante, que d'une concession à l'autre, il nous suffira d'en suivre les développements principaux et les variations dans l'une de nos grandes Compagnies, celle du chemin de fer d'Orléans, par exemple ; sans négliger de jeter de temps en temps un coup d'œil sur les autres concessions.

Je laisserai d'ailleurs de côté, dans cet exposé, non seulement les discussions, les compétitions, les questions personnelles, mais encore toute la partie technique et administrative, pour ne m'attacher qu'aux faits, qui intéressent plus directement le public et l'Etat.

Premières concessions.

§ 3. — La note du *Journal officiel*, du 11 septembre 1832, ne paraît pas avoir été suivie d'une activité bien vive, dans l'étude et la concession des grandes lignes. Jusqu'à l'année 1838, on ne rencontre, dans la série des actes administratifs, que des concessions d'intérêt local ou industriel et de petit parcours : en 1833, le chemin d'Alais à Beaucaire ; en 1834, de Montbrison à Montrond ; en 1835, de Paris à Saint-Germain ; en 1836, d'Alais à la Grand-Combe, et de Montpellier à Cette ; en 1839, de Paris à Versailles, d'Epinac au canal du centre, de Mulhouse à Thann, et de Bordeaux à la Teste.

Enfin, paraissent, en 1838, les concessions des chemins de fer de Strasbourg à Bâle et de Paris à Orléans, ce dernier ayant une longueur de 121 kilomètres.

Concession de Paris - Orléans (7 juillet 1838).

La loi de concession du chemin d'Orléans est du 7 juillet 1838. Comme toutes les origines, elle présente un intérêt particulier, sur lequel il est nécessaire de nous arrêter.

La concession est donnée à M. Lecomte et Ce, à leurs frais, risques et périls, sans subvention, ni avances, ni garantie d'intérêt, pour une durée de 70 ans. Elle est protégée pendant 25 ans contre la concurrence ; car une nouvelle ligne de Paris à Orléans ne pouvait être concédée que par une loi, et dans le cas où la *nécessité* en aurait été constatée par une enquête administrative.

A toute époque, en outre, des embranchements qui, par leur combinaison entre eux et avec la ligne principale, auraient mis Orléans et Paris en communication par voie de fer continue, ne pouvaient être concédés, qu'à la condition que cette nouvelle voie continue soit d'un quart plus longue que la première, et que les prix des transports entre les deux points extrêmes, y soient d'un quart plus élevés que sur celle-ci. Ainsi dès le début on écartait la concurrence, du moins sous cette forme.

Les principaux articles du tarif étaient les suivants, par kilomètre.

			Par place.
Voyageurs :	1re classe	Voitures couvertes........	Fr. 0.075
	2e —	— découvertes...........	0.05

			La tonne.
Marchandises :	1re classe	Boissons, sucres, métaux, fers ouvrés, objets manufacturés, etc.	0.16
	2e —	Blés, grains, bois, fonte, etc....	0.14
	3e —	Pierres, engrais, etc.........	0.12
	Houille............................		0.09

On remarquera les prix relativement faibles du transport des voyageurs, et l'installation primitive, intolérable, des voitures de 2e classe, bientôt, du reste, améliorées par une convention additionnelle; par contre, les taxes élevées du transport des marchandises.

La taxe est divisée en deux parties inégales, péage et transport, la seconde partie variant entre 1/3 (1re classe, voyageurs), et 4/9 (houille), de la taxe totale.

Cette division est basée sur deux motifs : le premier c'est que la loi du 2 juillet 1838 établissait que l'impôt sur le prix des places ne serait perçu que sur la partie du tarif correspondant au prix du transport, ou bien, à défaut de tarif de concession, ou de division de la taxe totale, sur le tiers du prix total des places.

Le second, c'est que, par une disposition du cahier des charges (convention additionnelle, art. 11), la Compagnie pouvait être assujettie soit à laisser aux concessionnaires d'embranchements ou de prolongements du chemin d'Orléans, le droit d'*exploiter ce chemin en concurrence avec elle et avec réciprocité*, moyennant le payement des droits de péage; soit à leur accorder une réduction sur ces droits, variant de 10 à 30 0/0, pour des prolongements variant de 100 à 300 kilomètres de longueur. Si des difficultés s'élevaient à ce sujet entre les Compagnies, le gouvernement se réservait le droit de les trancher d'office, de manière à assurer la continuation du service sur toute la ligne.

A l'expiration de chaque période de quinze ans, *le tarif devait être revisé*, et si le produit net moyen des quinze dernières années avait excédé 10 0/0 du capital primitif de l'action, ce tarif devait être réduit dans la proportion de l'excédant.

A toute époque, après l'expiration des quinze premières années, le gouvernement se réservait la faculté de racheter la concession moyennant le payement, pendant chacune des années restant à courir, d'une annuité ainsi calculée : on relève les produits nets des sept années précédant le rachat; on en déduit les produits des deux plus faibles années, et la moyenne des cinq autres forme l'annuité due. On devait y ajouter un tiers, un quart ou un cinquième du montant, suivant que le rachat éventuel aurait lieu dans la première ou respectivement dans la seconde période de quinze ans, à dater de l'ouverture du droit de rachat, ou dans les périodes suivantes. Cette disposition avait pour objet de tenir compte aux actionnaires de l'augmentation probable du trafic et du produit net.

Citons encore parmi les dispositions du cahier des charges :

L'interdiction de relever, avant un délai de six mois, les taxes volontairement abaissées par les concessionnaires au-dessous des limites fixées par le tarif concédé, et de faire aucune faveur inégale ou exclusive aux expéditionnaires et aux entreprises de transport;

L'autorisation d'introduire dans les trains des voitures spéciales, dont le prix des places serait réglé de gré à gré avec les voyageurs ;

La franchise de bagages, d'abord fixée à 15 kilogrammes, portée de suite à 25 par la convention additionnelle ;

Le tarif militaire fixé à un quart du tarif civil;

La vitesse minimum des trains de voyageurs payant le maximum du tarif devait être de huit lieues à l'heure (des lieues en 1838 au ministère des travaux publics !).

Il n'y était pas question du service de la poste.

Telles étaient les principales conditions de cette concession, sans parler des prescriptions techniques et autres. Nous verrons comment elles ont été modifiées et complétées par la suite.

La concession du chemin de Paris à Rouen par les plateaux avait été donnée en 1838 dans des conditions analogues à celles de Paris-Orléans. Mais dès le 1er août 1839, elle était abandonnée.

Première modification de la concession Paris-Orléans (15 juillet 1840).

§ 4. — Les concessionnaires du chemin de fer de Paris à Orléans avaient également entrepris une œuvre au-dessus de leurs forces, et obtenu, à la même date, de limiter leur entreprise à Juvisy et à l'embranchement de Corbeil; mais, en 1840, l'Etat leur vint en aide. Ce fut par une garantie d'intérêt, disposition qui parut ici pour la première fois, et depuis fit son chemin dans le monde.

Par une loi du 15 juillet 1840, il fut accordé à la Compagnie une garantie de 4 0/0 d'intérêt, pendant 46 ans et 324 jours, à partir de la mise en exploitation, sur le capital de premier établissement. Le capital garanti ne pouvait, en aucun cas, dépasser 40 millions de francs, montant du fonds social. La Compagnie devait consacrer 1 0/0 chaque année à l'amortissement de son capital. Si son produit net venait à dépasser 4 0/0, l'excédant serait employé à rembourser à l'Etat les avances qu'il aurait faites en exécution de sa garantie.

En même temps, la durée de la concession était portée de soixante-dix à quatre-vingt-dix-neuf ans; et l'on cherchait à améliorer le rendement de l'entreprise en augmentant les tarifs. Les prix des places de première et de deuxième classe — voitures couvertes — sont portés de 0 fr. 075 à 0,10, et de 0,05 à 0,075, c'est-à-dire augmentés d'un tiers, respectivement de moitié; et il est créé une troisième classe de 0,05 en voitures découvertes. Les prix de transport des marchandises des trois classes et de la houille deviennent 0,20, 0,18, 0,16 et 0,125 par tonne, et subissent ainsi une augmentation qui varie d'un quart à un tiers.

On introduit une classe spéciale de marchandises à grande vitesse, qui est taxée à 0 fr. 40 par tonne et par kilomètre.

Le délai de relèvement des tarifs facultativement abaissés est réduit à trois mois. La franchise des bagages est ramenée à 15 kilogrammes.

Prêts faits aux Compagnies par l'Etat.

A la même époque, l'Etat prêtait à la Compagnie du chemin de fer de Strasbourg à Bâle une somme de 12,600,000 fr., égale aux trois dixièmes de son fonds social. Ce prêt était fait à 4 0/0 d'intérêt, que l'Etat ne devait percevoir qu'après que les actionnaires auraient touché, sur le produit net, 4 0/0 de leur mise de fonds. Mais il était en outre stipulé un amortissement de 1 0/0 à prélever par le Trésor public avant toute distribution de dividende aux actionnaires.

Le chemin d'Andrézieux à Roanne recevait un prêt de 4 millions dans des conditions analogues; seulement l'amortissement était fixé à 2 0/0.

Le chemin de Paris à Rouen était concédé — 15 juillet 1840 — à MM. Ch. Laffitte et Ed. Blount et Ce, avec un prêt de 14 millions à 3 0/0, remboursable par trentième d'année en année.

Je ne cherche point à faire ici un historique complet du réseau français; je veux seulement en marquer, par quelques traits, les phases principales de formation, dont la première, qui commence en 1832, est caractérisée d'abord par l'initiative et l'indépendance des compagnies, puis par leur insuffisance, et enfin par les secours de l'Etat, qui se produisent sous forme d'avances remboursables et de garanties d'un intérêt de 3 et 4 0/0.

Tout cela n'était pas bien encourageant; aussi les concessions n'étant pas demandées, et l'Etat ne faisant rien lui-même, la construction des chemins de fer fit peu de progrès.

Loi du 11 juin 1842.

§ 5. — Pour sortir de cette situation, où la France ne pouvait pas rester dans un état d'infériorité regrettable vis-à-vis des nations voisines, le gouvernement se résolut à un effort considérable. La loi du 11 juin 1842 inaugura une phase nouvelle, qui suivit l'insuccès des dix années précédentes.

L'article 1er de cette loi décide qu'un *système* de chemins de fer sera établi, se dirigeant de Paris sur la frontière de Belgique, sur l'Angleterre, sur la frontière d'Allemagne, sur la Méditerranée, sur la frontière d'Espagne, sur l'Océan, sur le centre de la France; puis de la Méditerranée sur le Rhin, et de l'Océan sur la Méditerranée.

Il y avait bien là, cette fois, large et d'ailleurs facile conception, vue d'ensemble, et coordination des parties.

L'article 2 pose en principe, pour l'exécution de ces grandes lignes, le concours de l'Etat, des départements traversés, des communes intéressées, et des entreprises industrielles.

La loi n'exclut point d'ailleurs la concession de la totalité ou d'une partie de ces lignes à l'industrie privée, en vertu de loi spéciales.

Voici comment devaient être réparties les dépenses de premier établissement.

Les indemnités de terrains avancées par l'Etat, et remboursées jusqu'à concurrence des deux tiers par les départements et les communes. (1)

Le tiers restant des indemnités de terrains, les terrassements, les ouvrages d'art et des stations, à la charge de l'Etat.

La voie de fer, y compris le ballast, le matériel et les frais d'exploitation, l'entretien et la réparation du chemin, à la charge des compagnies auxquelles l'exploitation du chemin sera *donnée à bail.*

A l'expiration de ce bail dont les conditions, durée, tarif, etc., devaient être définitivement approuvées par une loi, la valeur de la voie de fer et du matériel devait être remboursée, à dire d'experts, à la compagnie, par celle qui lui succéderait, ou par l'Etat.

Nous remarquerons, particulièrement, dans ce système, l'étendue du concours donné aux compagnies, qui ne laissait pas à leur charge la moitié de la dépense totale de construction; l'expression de *bail*, qui remplace celle de concession, et résulte naturellement des nouveaux rapports des Compagnies avec l'Etat; enfin le remboursement à celles-ci, à l'expiration du bail, non seulement du matériel roulant et autre, mais encore de la valeur de la voie.

A cette même date — 11 juin 1842 — comme pour faire voir que

(1) Par la loi du 19 juillet 1845, les communes et les départements ont été dispensés de ce remboursement.

la loi nouvelle n'excluait pas les concessions proprement dites, MM. A. Laffitte et Cᵉ obtenaient celle de Rouen au Havre, avec un prêt de 10 millions de francs, et une subvention gratuite de 8 millions.

En même temps, sans sortir du réseau futur de la Compagnie d'Orléans, les sommes suivantes étaient affectées, savoir : 17 millions à la section d'Orléans à Tours, et 12 millions à la section d'Orléans à Vierzon, dont l'infrastructure allait être entreprise par l'Etat.

Le territoire du royaume était divisé en cinq inspections, subdivisées en sections, entre lesquelles étaient réparties toutes les études à faire.

Une commission de statistique était formée pour reviser et contrôler les documents propres à établir l'utilité relative des lignes étudiées ; une autre commission, supérieure, était chargée de donner son avis sur le choix des tracés.

Les mesures adoptées en 1842 ne pouvaient manquer d'imprimer une vive impulsion à l'exécution des chemins de fer, soit directement par l'Etat, soit par des concessions telles que celle du chemin de Marseille à Avignon faite à MM. Talabot et Cᵉ par la loi du 24 juillet 1843, pour une durée de 33 ans, et avec une subvention de 32 millions, finalement par les baux d'exploitation passés avec les compagnies.

Bail d'exploitation d'Orléans à Tours et Bordeaux (9 octobre 1844).

§ 6. — Parmi celles-ci arrêtons-nous sur la compagnie d'Orléans à Tours et à Bordeaux.

Nous avons vu que la loi de 1842 avait affecté une somme de 17 millions, à la section d'Orléans à Tours, longue de 113 kilomètres soit 150,000 fr. environ par kilomètre. La loi du 26 juillet 1844 affecta 54 millions à la section de Tours à Bordeaux, sur une longueur de 344, c'est-à-dire, 161,000 par kilomètre. La même loi disposait que le bail d'exploitation serait mis en adjudication publique, et que le rabais porterait sur la durée de la jouissance, qui ne pouvait excéder 41 ans et 16 jours. Enfin, si, dans un délai de deux mois, il n'était point fait d'adjudication, le ministre des travaux publics était autorisé à pourvoir provisoirement à l'exploitation du chemin d'Orléans à Tours, moyennant les crédits de 14,150,000 fr. pour la voie, et de 3,150,000 pour le matériel. Dans ce cas, l'Etat organiserait-il lui-même un service d'exploitation, ou comptait-il, pour faire ce service, sur la Compagnie de Paris à Orléans ? Cette dernière solution paraît la plus probable.

Quoi qu'il en soit, l'alternative ne s'est point présentée, et l'exploitation d'Orléans-Bordeaux fut adjugée à MM. Luzarche, Mackensie et Cᵉ, pour une durée de 27 ans et 278 jours.

Le 9 octobre 1844, l'exploitation d'Orléans à Vierzon, avec prolongement d'une part sur Bourges, et d'autre part sur Châteauroux, était adjugée pour 39 ans et 11 mois à MM. Bartholony, Benoits et Cᵉ.

On remarquera, dans ces adjudications, la courte durée des baux, motivée évidemment par la part considérable que l'Etat prenait aux dépenses de premier établissement. Des modifications importantes étaient en outre apportées aux cahiers des charges.

Les ateliers et les maisons de gardes, avec les barrières et les passages à niveau, sont explicitement désignés parmi les bâtiments à construire par l'Etat. Les clôtures de la voie courante sont à la charge des Compagnies.

Les voitures de 1ʳᵉ classe seront couvertes, garnies et fermées à glace. Celles de 2ᵉ classe seront couvertes, fermées à glace et auront des banquettes rembourrées. Celles de 3ᵉ classe seront couvertes et fermées avec rideaux, Il y a progrès sur la 3ᵉ classe à voitures découvertes. Les prix kilométriques des places pour les deux premières classes restent fixés à 0.10 et 0.075 ; celui de la 3ᵉ classe est porté de 0.05 à 0.055. La franchise de bagages est portée à 30 kil.

Les prix des trois classes de marchandises sont abaissés de 0.02 par tonne et kilom. Le prix du transport de la houille est réduit de 0.125 à 0.10; celui de la grande vitesse de 0.40 à 0.36. Le public profitait ainsi, dans une certaine mesure, des dépenses faites par l'Etat.

Tous les changements dans les tarifs doivent être annoncés un mois à l'avance, par des affiches et homologués par l'administration supérieure. Tous les expéditeurs doivent être traités avec une complète égalité.

Les militaires voyageant isolément en service, en congé, paient demi-prix; en corps, la taxe reste fixée au quart du tarif. Le gouvernement peut requérir, pour les transports militaires, tout le matériel de la Compagnie, en lui payant la moitié du tarif.

Les transports de la poste donnent lieu à des stipulations détaillées, qui se résument en ceci, qu'ils sont gratuits dans les trains ordinaires; que le gouvernement peut, en outre, régler et prescrire les itinéraires des trains-postes spéciaux, où il entre des voitures appropriées au transport et à la manipulation des dépêches, pour lesquelles la Compagnie reçoit une rétribution fixée à 0.75 par kilomètre, pour la première voiture, et éventuellement à 0.25 pour chacune des autres.

Le transport des voitures cellulaires est gratuit, les prisonniers et ceux qui les accompagnent paient demi-prix de la 3ᵉ classe.

Le délai de relèvement des taxes facultatives réduites, est fixé à trois mois pour les voyageurs et à un an pour les marchandises.

Le *rachat* prévu dans les concessions prend ici le nom de *résiliation de bail*, qui est soumise aux mêmes conditions que le rachat, à deux exceptions près : la première, c'est que l'annuité à payer à la Compagnie, ne devait, en aucun cas, être inférieure au produit net de la dernière année de son exploitation. La seconde modification, fort importante, consistait en ce que, à la fin du bail, l'Etat ne remboursait plus à la Compagnie que le matériel d'exploitation, de telle sorte que l'amortissement total des dépenses de la voie devait se faire pendant la durée du bail, résultant de l'adjudication : par exemple 27 ans et 278 jours. C'était une lourde charge, car pour amortir un capital quelconque en 28 ans, le taux de l'intérêt étant 5 0/0, il faut ajouter environ 1 7/10es 0/0 à cet intérêt.

Il n'était plus question de revision périodique, ni de réduction des tarifs. Mais, à l'expiration des cinq premières années de l'exploitation, l'Etat prenait, comme prix de ferme, la moitié de l'excédant éventuel du produit net, sur les 8 0/0 du capital dépensé par la Compagnie, à la condition toutefois que les produits cumulés des années antérieures auraient suffi pour couvrir l'intérêt à 6 0/0, et l'amortissement calculé à 1 0/0 de ce capital.

La faculté, réciproque entre les concessionnaires, de faire circuler leurs voitures, wagons et machines, sur les sections de lignes formant prolongements ou embranchements l'une de l'autre, était maintenue moyennant payement d'un péage soumis à des réductions variant, suivant les longueurs du parcours, de 10 à 25 0/0.

Développements en 1844-1845-1846. Concessions d'Amiens-Boulogne, Paris-Lyon, Lyon-Avignon, Tours-Nantes, Paris-Strasbourg, Paris-Nord.

§ 7. — Telles étaient, en 1844, les principales dispositions d'un cahier des charges. Ce qui n'empêchait pas d'adjuger — 15 octobre de cette année — sans subvention, mais pour 98 ans et 11 mois, le chemin d'Amiens à Boulogne, à MM. Ch. Laffitte et Ed. Blount. Vers la même époque, l'Etat prêtait 4,000,000 au chemin Paris-Rouen, qui avait déjà reçu une avance de 14 millions, et 10 millions au chemin de Rouen au Havre.

L'année suivante, la concession du chemin Paris-Lyon était adjugée pour une durée de 41 ans 90 jours. Les concessionnaires se chargeaient de l'exécution de tous les travaux et du remboursement de ceux qui avaient été faits par l'Etat (loi du 16 juillet 1845.). Les tarifs et autres conditions du cahier des charges étaient les mêmes que pour les baux ou concessions précédentes. Mais il n'y est plus question, naturellement, de participation de l'Etat aux bénéfices. La concession de Lyon-Avignon fut donnée à M. Talabot le 11 juin 1846, dans les mêmes conditions, pour une durée de 44 ans 298 jours.

Pour le chemin de Tours à Nantes, le bail d'exploitation reparaît avec les conditions de la loi de 1842, et avec une durée de 34 ans et 15 jours (loi du 19 juillet 1845.).

La concession de Paris-Strasbourg, adjugée le 25 novembre 1845, pour une durée de 43 ans et 286 jours, est mixte. L'Etat livre l'infrastructure de la ligne principale, et la Compagnie se charge de tous les travaux de l'embranchement sur Metz et la frontière de Prusse.

Le chemin de fer du Nord (Paris à la frontière de Belgique) est adjugé (15 juillet 1845) pour une durée de 38 ans. Les travaux sont continués par l'Etat, mais remboursés par la Compagnie, pour une somme qui ne s'élève pas à moins de 90 millions.

Ainsi se poursuivait de tous côtés l'exécution des chemins qui, par leur réunion et leurs développements, devaient former les grandes lignes et les réseaux des grandes Compagnies. Tantôt l'Etat construisait l'infrastructure et passait, pour le reste, des baux d'exploitation; tantôt il concédait, soit entièrement aux frais et risques des concessionnaires, soit avec quelque subvention. La concession tendait cependant à l'emporter sur le bail. Par la loi du 21 juin 1846, la concession du chemin de Bordeaux à Cette est donnée avec une subvention de 15 millions, et pour une durée de 66 ans six mois. Les chemins de l'Ouest sont concédés par une autre loi de la même date, savoir : le chemin de Caen à Paris et à Rouen, aux frais, risques et périls de la Compagnie, pour une durée de 72 ans; celui de Versailles à Rennes, et ses embranchements sur Caen et sur Alençon, l'infrastructure étant livrée par l'Etat, pour une durée de 60 ans (la ligne principale) et de 75 ans (les embranchements). Les conditions de la concession varient naturellement avec l'importance probable du trafic des lignes concédées.

Ordonnance sur l'exploitation des Chemins de fer (15 novembre 1846).

§ 8. — Les chemins de fer en exploitation s'étant multipliés, des accidents graves et nombreux ayant eu lieu, le gouvernement pensa que le moment était venu de régler les mesures d'ordre et de police à observer sur ces chemins. Ce fut l'objet de l'ordonnance royale du 15 novembre 1846, sur la police, la sûreté et l'exploitation des chemins de fer.

Je n'entrerai point dans l'examen détaillé de cet acte important, qui ne se rattache qu'indirectement à mon sujet, et ne dépend point du système adopté pour la construction et l'exploitation des chemins de fer. Je me borne à rappeler que, aux termes du rapport à l'appui de l'ordonnance, les chemins de fer, qu'ils soient concédés ou non, font essentiellement partie du domaine public; qu'ils ne doivent être exploités que dans l'intérêt de tous, et que c'est à l'autorité publique qu'il appartient d'en régler l'usage : propositions qui seront aujourd'hui moins contestées que jamais, et dont on serait plutôt disposé à exagérer la portée. Le titre VII de l'ordonnance de 1846, réglementait d'ailleurs, et même d'une manière assez raide, la conduite des voyageurs.

Crise de 1848.

§ 9. — Cependant la crise de 1848 approchait, éclatait et créait des embarras inévitables dans l'exécution des voies ferrées. J'écarte ici toute considération politique; mais il faut reconnaître que le gouvernement républicain ne fut pas heureux dans ses premières manifestations à l'égard des travaux publics. Une circulaire du ministre, aux ingénieurs en chef des ponts-et-chaussées, contenait, au milieu de banalités sonores, ce reproche peu fondé : « Le gouvernement déchu « nous a légué des travaux qui attestent avec quelle prodigalité com« promettante pour le trésor, ce gouvernement sacrifiait à ses inté« rêts politiques les intérêts sérieux de l'Etat. » C'était, en même temps, peu encourageant pour l'avenir. Me Marie ne prévoyait pas le programme Freycinet.

Les résultats de la crise ne tardèrent pas à se faire sentir, et les chemins de fer d'Orléans et du Centre, dont l'avenir devait cependant être fort beau, étaient placés sous séquestre le 14 avril 1848 avec ce : « considérant qu'il est établi que les Compagnies de ces « deux chemins n'ont plus aujourd'hui un pouvoir suffisant pour « assurer le service des transports. »

Le séquestre d'Orléans — qui fut d'ailleurs levé le 18 août suivant — fut suivi du séquestre de Marseille-Avignon — 21 novembre — de Paris-Sceaux, 29 décembre; et de la reprise par l'Etat du chemin Paris-Lyon, dont le capital-actions était insuffisant, et qui ne pouvait recourir au crédit, le mode d'emprunt par obligations 3 0/0, remboursables, n'ayant point encore été imaginé et proposé par MM. Pereire.

En vertu d'un décret de l'assemblée nationale du 17 août 1848, les travaux de ce dernier chemin devaient être continués aux frais du trésor national. L'Etat était substitué, en tout et pour tout, à la Compagnie : et les actionnaires recevaient de la Rente 5 0/0, savoir : 7.60 de rente pour chaque action libérée de 250 fr., et 15 fr. de rente pour chaque action de 500 fr., qui serait entièrement libérée avant le 5 octobre 1849. C'était, on le voit, une sorte de rachat anticipé; fort onéreux, d'ailleurs, pour ceux des actionnaires qui ne pouvaient point opérer le versement complémentaire de 250 fr., bien difficile à faire à cette époque.

Les chemins de Lyon à Avignon, de Bordeaux à Cette, furent également abandonnés par leurs concessionnaires.

Citons en passant les décret et arrêté des 15 juillet et 18 août 1848, relatifs à l'admission des associations d'ouvriers à l'exécution des travaux publics. Cette mesure moins facile à exécuter qu'à décréter, bien que promulguée solennellement, au nom du peuple français, ne paraît avoir été suivie d'aucun résultat.

Si l'on ajoute aux mesures précédentes quelques crédits votés pour la continuation des travaux entrepris par l'Etat : 2 millions pour Paris-Strasbourg ; autant pour Tours-Nantes et Versailles-Chartres ; 800,000 fr. pour Vierzon au Bec-d'Allier, on aura le bilan à peu près complet de l'année 1848, qui fut d'ailleurs signalée par des dévastations sur les chemins de fer, des incendies et des grèves.

A la fin de 1848 la France n'avait encore que 2,216 kilomètres exploités, tandis que l'Angleterre en comptait 10,000 et l'Allemagne 5,000.

La situation des Compagnies était d'ailleurs fort difficile, et elles durent entrer en négociations avec le gouvernement, au sujet du rachat des chemins, qui était dans les tendances de cette époque.

Toutefois, le projet de rachat fut repoussé par la commission des finances à laquelle il avait été soumis.

L'année 1849 n'est pas plus féconde en dispositions favorables à l'extension du réseau. On y relève quelques crédits pour la continuation des travaux des chemins de Marseille-Avignon, de Tours-Nantes, de Vierzon au Bec-d'Allier. L'Assemblée nationale autorise le ministre des travaux publics à exploiter provisoirement, pour le compte de l'Etat, le chemin de Versailles à Chartres, qui n'avait pas été concédé, et les parties terminées de Paris-Lyon.

Cependant, à la fin de cette année, on trouve une mesure financière importante pour le chemin de Marseille-Avignon : une garantie d'intérêt à 5 0/0, avec amortissement en 33 ans, durée de la concession à partir du 1er janvier 1850, pour un capital maximum de 30 millions. Le remboursement des avances faites par l'Etat, en vertu de cette garantie, devait être prélevé sur les produits nets, avant toute attribution aux actionnaires, et, à la fin de la concession, ces avances devaient être compensées, jusqu'à due concurrence, par la reprise du matériel de la Compagnie. Ces conditions, quoique très rigoureuses quant au remboursement, témoignaient cependant du désir de venir en aide aux Compagnies.

Remarquons encore, dans la loi du 19 novembre 1849, la réserve faite, en faveur des militaires libérés, de la moitié des emplois de la compagnie, qui seront désignés par un règlement d'administration publique.

Modification des concessions Tours-Nantes et Orléans-Bordeaux (6 août 1850).

§ 10. — La nécessité et l'intention d'améliorer la situation des Compagnies, mais sans bourse délier, s'accentuent en 1850.

Une loi du 6 août modifie comme il suit la concession d'Orléans-Bordeaux :

La durée de la concession est portée de 27 ans 278 jours à 50 ans. La pose de la seconde voie, entre Tours et Bordeaux, ne sera obligatoire sur chaque section que trois ans après l'ouverture de l'exploitation sur cette section. La Compagnie par contre prend à sa charge tous les travaux restant à faire pour les stations et ateliers. Les transports de troupes en corps seront faits au prix de revient. Les voitures de troisième classe seront couvertes et fermées à vitre.

Au lieu d'avancer de l'argent à la Compagnie, on lui demande plutôt une avance sous la forme de versement au Trésor, en compte courant, d'une somme de 12 millions, qui demeure du reste à la disposition de la Compagnie pour l'exécution de ses travaux. L'expression de bail fait place à celle de concession, dans la loi du 6 août 1850.

La concession de Tours-Nantes est modifiée de la même façon, par la même loi.

En outre, la Compagnie est exonérée du remboursement du prix des terrains à l'Etat, qui entre en partage des bénéfices, après 6 0/0 de produit net, jusqu'à ce qu'il en ait retiré la somme de 7,500,000 fr. Le partage des bénéfices n'a plus lieu ensuite qu'après 8 0/0.

Concession du chemin de l'Ouest (13 mai 1851).

Dans l'année suivante, nous trouvons la loi du 13 mai 1851, par laquelle le chemin dit de l'Ouest (Versailles-Chartres-Rennes) est concédé pour 99 ans, à un consortium anglais, sous le régime de la loi de 1842, avec des modifications nombreuses résultant de la situation des lignes concédées et des travaux en cours d'exécution.

Nous ne nous y arrêterons pas, attendu qu'il ne s'agit encore que d'une combinaison transitoire. Je note seulement que, cette fois encore, l'Etat se faisait avancer 12 millions par la Compagnie, pour l'achèvement des travaux entre la Loupe et le Mans, et qu'un pas se faisait vers la formation des grands réseaux, par la cession à la nouvelle Compagnie du Chemin de Versailles (rive gauche).

A la fin de 1851, il y avait 3,546 kilomètres de chemins exploités.

Nous arrivons aux années 1852 et suivantes, où de grands changements se sont opérés dans la constitution du réseau français, changements qui ont amené les six grandes Compagnies à peu près à la situation qu'elles ont encore aujourd'hui, et que nous ne suivrons, avec quelques développements, que pour le réseau d'Orléans : *ex uno disce omnes*.

Fusion des chemins d'Orléans et prolongements (27 mars 1852).

§ 11. — Le décret présidentiel du 27 mars 1852, avec la convention et les traités annexes, se résume ainsi :

La Compagnie du chemin de fer de Paris à Orléans comprendra, à l'avenir, les chemins de fer du Centre, d'Orléans à Bordeaux, de Tours à Nantes, de Châteauroux à Limoges; du Bec-d'Allier à Clermont, avec embranchement de Saint-Germain-des-Fossés sur Roanne; de Poitiers à La Rochelle et à Rochefort.

Aucun traité de fusion ou d'alliance ne pourra être contracté avec les Compagnies de Lyon-Avignon et d'Avignon-Marseille. Celles-ci, au contraire, pourront se réunir entre elles et avec la ligne Paris-Lyon.

Les taxes totales entre Paris d'une part, Lyon et Givors d'autre part seront égales sur les deux lignes du centre et de Paris à Lyon par Dijon. Ces deux lignes seront traitées avec une égalité parfaite dans leurs correspondances avec la ligne entière de Lyon à Marseille.

Ces mesures étaient prises pour protéger la nouvelle Compagnie d'Orléans contre la concurrence de Paris-Lyon, ou réciproquement. Il est à noter que, en cas de difficultés, il devait être statué par une commission composée d'un membre de chacune des deux Compagnies et d'un commissaire nommé par le gouvernement.

Le cahier des charges, annexé à la loi du 26 juillet 1844 (voir plus haut, § 7), devient le cahier des charges de toutes les concessions (ou baux d'exploitation) réunies.

Une somme de 18 millions est affectée par l'Etat à l'établissement du chemin de Saint-Germain à Roanne.

L'Etat ne sera plus tenu de rembourser à la Compagnie les dépenses qu'elle aurait faites, pendant la durée de la concession, pour l'agrandissement des gares, stations et ateliers.

Les chemins de Poitiers à La Rochelle et à Rochefort seront construits aux frais, risques et périls de la Compagnie.

La Compagnie versera 16 millions au Trésor pour l'achèvement des prolongements de Châteauroux à Limoges et du Guétin à Clermont.

Sur certaines sections : Châteauroux-Limoges, Saint-Germain-Clermont, etc., la pose d'une seule voie est autorisée; mais la

seconde voie sera exigible lorsque le produit brut atteindra 18,000 fr. par kilomètre.

L'Etat garantit à la Compagnie un minimum d'intérêt de 4 0/0 pendant 50 ans, à partir du 1er janvier 1852, sur un capital de 150 millions, y compris les 40 millions déjà garantis par la loi du 15 juillet 1840.

La durée de la concession est portée à 99 ans, à partir du 1er janvier 1852, et finira par conséquent le 31 décembre 1950.

L'Etat renonce à toute participation dans les produits nets de l'exploitation.

La faculté de rachat est maintenue après l'expiration des 15 premières années à dater de la mise en exploitation des sections nouvellement concédées; mais elle ne pourra s'appliquer qu'à l'ensemble du réseau. La Compagnie renonce d'ailleurs aux majorations du dividende moyen des dernières années, pour le calcul de l'annuité de rachat.

Les tarifs ne subissent pas de modifications. Il est stipulé seulement que les troupes voyageant en corps seront transportées au quart du tarif; et que les voitures de 3e classe seront couvertes et fermées à vitres.

Il serait beaucoup trop long, et je n'ai pas l'intention d'entrer dans l'exposé des combinaisons adoptées par les Compagnies pour constituer leur administration et leur capital social. Mais, dans les circonstances décisives où se trouvait la Compagnie d'Orléans-Bordeaux, il est intéressant de rappeler que les actionnaires des Compagnies fusionnées reçurent une action entièrement libérée de Paris-Orléans, savoir : ceux du Centre contre deux actions entièrement libérées, ceux d'Orléans-Bordeaux, contre trois actions libérées de 275 francs; ceux de Tours-Nantes contre quatre actions libérées de 425 francs. Les administrateurs fusionnant comme les capitaux, quatre du Centre, six d'Orléans-Bordeaux, et quatre de Tours-Nantes entrèrent au conseil de la Compagnie d'Orléans.

C'est en janvier 1852 que furent enfin et définitivement concédés les chemins de Paris-Lyon, et Lyon-Avignon. Le premier était concédé de gré à gré, et la Compagnie s'engageait à rembourser à l'État 114 millions, pour travaux exécutés.

Le second était adjugé avec un rabais de 11 millions, sur la subvention de 60 millions établie comme prix de base de l'adjudication.

Par une disposition singulière, il devait y avoir solution de continuité à Lyon, entre ces deux sections de la grande ligne de Paris à Marseille.

C'est encore à la fin de 1852 que la concession des chemins de Bordeaux à Cette et à la frontière d'Espagne, fut donnée à MM. Pereire.

§ 12. — L'année 1853 vit naître le Grand-Central, dont il est instructif de viser la concession, car il n'est pas défendu de croire que les concessionnaires jouirent des avantages *de la nation la plus favorisée*, suivant l'expression usitée dans les traités de commerce. Cette concession fut, en effet, provisoirement donnée à MM. de Morny, Pourtalès et consorts, le 21 avril 1853, et devint définitive seulement le 2 mai 1855.

Concession du Grand-Central (21 août 1853 et 2 mai 1855.)

La concession se composait d'un réseau assez compliqué, comprenant des sections de la ligne de Clermont à Montauban, et de la ligne dite de Bordeaux à Lyon; puis du chemin de Limoges à Agen. Pour ces chemins l'État payait à la Compagnie une subvention de 76 millions.

La concession comprenait en outre, une section de Saint-Germain-des-Fossés à Clermont, rétrocédée par la Compagnie d'Orléans; un prolongement sur Rodez, auquel était affecté une subvention de 2 millions, enfin des embranchements sur Cahors, Villeneuve-d'Agen, Bergerac et Tulle à construire, suivant les conditions de la loi du 11 juin 1842.

Par décret du 19 décembre 1855, le chemin de Montluçon à Moulins était réuni au Grand-Central.

Déjà en 1853 (26 décembre) le Grand-Central avait, avec ses charges et avantages, repris la concession des chemins du Rhône à la Loire (Lyon-Saint-Étienne-Roanne.)

§ 13. — Une combinaison nouvelle dans l'histoire du réseau français se produisit en 1855. Par décret impérial du 7 avril, le chemin de fer de Paris à Lyon par le Bourbonnais fut concédé à une Société formée entre les Compagnies de Paris-Orléans, Paris-Lyon, et Grand-Central, pour la construction et l'exploitation de ce chemin à frais et profits communs, sans garantie d'intérêt et sans subvention.

Concession du chemin de fer du Bourbonnais (7 avril 1855).

La durée de la concession était fixée à 99 ans. Le cahier des charges, très complet, sans renvoi, contenait les conditions ordinaires, et énonçait en détail toutes les charges de la Compagnie, concernant la construction, les transports militaires, les postes, le télégraphe, le contrôle, etc., d'une part, et de l'autre ses avantages consistant exclusivement dans les tarifs à percevoir, qui sont d'ailleurs les mêmes que ceux concédés jusqu'alors.

On remarque toutefois dans les tarifs du Bourbonnais une disposition spéciale fixant à 8 centimes au maximum, par tonne et par kilomètre, le transport des blés, grains, farines, etc. dans le cas où le prix de l'hectolitre de blé s'élevait à 20 fr. ou au-dessus sur le marché de Gray. C'était une réduction éventuelle de moitié prix.

La Compagnie d'Orléans apportait à la Société les sections de Juvisy à Corbeil, et de Nevers à Roanne, moyennant la remise des obligations de la nouvelle Société, nécessaires pour représenter le revenu net, à raison de 15,000 francs par kilomètre pour Nevers-Roanne, et 12,000 francs pour Juvisy-Corbeil, sauf déduction de 1,500 francs par kilomètre pour la première et de 1,200 pour la seconde section, représentant la valeur du matériel roulant; moyennant quoi la Compagnie d'Orléans n'avait plus à fournir aucune portion dudit matériel.

Le Grand-Central apportait le chemin de Rhône et Loire, et surtout des traités et des marchés écrits et verbaux. Il recevait 131,007 obligations nouvelles pour remplacer, s'il y avait lieu, celles qu'il avait émises en vertu du décret du 26 décembre 1853.

La concession du chemin du Bourbonnais est remarquable en ceci que les concessionnaires se passent entièrement du concours de l'État, et qu'elle marque un retour complet à l'initiative privée. Il est vrai que deux des associés étaient des Compagnies déjà puissantes; et que le troisième préparait sans doute sa liquidation.

Dislocation du Grand-Central, nouvelles concessions à la Compagnie d'Orléans (19 juin 1857).

§ 14. — La dislocation du Grand-Central, en effet, suivit de près sa constitution et ses premiers développements; et donna lieu à de nouvelles et importantes modifications du réseau de la Compagnie d'Orléans.

Déjà, le 17 août 1853, cette Compagnie avait reçu la concession de Tours au Mans, et de Nantes à Saint-Nazaire, avec application du cahier des charges du 26 juillet 1844; ainsi que la concession de Nantes à Châteaulin avec embranchement sur Napoléonville (La Roche-sur-Yon), aux mêmes conditions, mais avec une subvention de 25,000,000 fr.

Par une loi et par un décret du 19 juin 1857, sont incorporés à la Compagnie d'Orléans les chemins de Montluçon à Moulins, de Limoges à Agen, de Coutras à Périgueux, de Montauban au Lot, avec embranchement sur Marcillac et Rodez, d'Arvant au Lot, de Périgueux à la ligne de Clermont à Montauban; en totalité plus de 1,000 kilomètres.

Sur les 78 millions alloués au Grand-Central pour la construction de ces lignes, 72 sont attribués à la Compagnie d'Orléans.

Celle-ci se charge en outre des embranchements sur Cahors, Villeneuve-d'Agen, Bergerac et Tulle.

Le tiers appartenant à la Compagnie d'Orléans, dans la concession du chemin du Bourbonnais, est rétrocédé aux Compagnies réunies de Paris à Lyon et de Lyon à la Méditerranée, qui reprennent le reste du Grand-Central. La Compagnie du Midi refuse d'en prendre la part qui lui est offerte, pour concentrer ses efforts sur le réseau pyrénéen.

Les chemins de Paris à Sceaux, et de Bourg-la-Reine à Orsay sont réunis à l'Orléans, et les garanties d'intérêt respectives sont confondues.

Toutes les subventions consenties par l'Etat, pour les parties rétrocédées du Grand-Central et pour le réseau actuel d'Orléans, seront converties en obligations de l'Etat, de 500 fr. chacune, portant 5 0/0 d'intérêt et remboursables en trente ans, par voie de tirage au sort.

Le capital garanti pour les chemins rétrocédés par le Grand-Central, ne pourra pas dépasser 177 millions (modifié par la convention du 11 juin 1859). Le partage des bénéfices, au delà de 8 0/0, subsiste pour ces chemins.

Les concessions nouvelles : Paris-Tours, par Châteaudun et Vendôme ; Nantes-Napoléon-Vendée ; Bourges-Montluçon ; Toulouse au chemin du Lot à Montauban, sont données à la Compagnie d'Orléans, sans subvention ni garantie d'intérêt.

La Compagnie contribue pour moitié au raccordement, à Bordeaux, avec le Midi, et elle paie 8 millions de subvention pour les chemins des Pyrénées.

La durée de la concession entière est fixée à quatre-vingt-dix-neuf ans, à partir du 1er janvier 1858 et prend fin le 31 décembre 1956.

La faculté de rachat par l'Etat, quinze ans après le 1er janvier 1858, ne pourra s'exercer que sur l'ensemble du réseau, moyennant l'annuité calculée suivant la formule connue.

A l'expiration de la concession, ou en cas de rachat, l'Etat ne remboursera à la Compagnie que les objets mobiliers (y compris le matériel roulant) et les approvisionnements de tout genre.

Nouveau cahier des charges de la Compagnie d'Orléans.

§ 15. — Le cahier des charges, très développé en soixante-dix articles, renferme des détails qu'il est d'autant plus intéressant de connaître qu'ils n'ont plus guère varié pour le réseau français. Signalons-en quelques-uns, et particulièrement les modifications des conditions antérieures.

Les prix des places de voyageurs restent, sans changement, à 0.10, 0.075 et 0.055 ; mais les voitures de troisième classe doivent être munies de dossiers ; et dans chaque train, et pour chaque classe un compartiment est réservé aux femmes seules, si l'administration l'exige.

En petite vitesse, un bœuf, un cheval, etc., paie comme un voyageur de première classe; 1 cheval vaut 2 1/2 veaux ou porcs; et 5 moutons, chèvres ou autres animaux assimilés.

Le prix de grande vitesse-marchandises demeure fixé à fr. 0.36 par tonne-kilom.

La classification et les taxes des marchandises petite vitesse, par tonne-kilom., deviennent :

1re classe. —	Spiritueux, viande fraîche, sucre, café, tissus, objets manufacturés, etc.	0 16
2e —	Blés, grains, farines, chaux, bois, cotons, laines, vins, bières, fers, etc.	0 14
3e —	Houille, engrais, pierres, fontes, minerais, sel, etc.	0 12

Les taxes subissent ainsi une nouvelle réduction de 0.02 par tonne et par kilomètre.

Le principe des tarifs différentiels est posé pour le transport des houilles, fonte brute, sel et minerai de fer, sur le chemin Moulins-Montluçon et prolongements : la taxe est réduite à 0.05 pour les parcours de 80 kilom. et au-dessus.

Les frais accessoires, manipulations, magasinage, etc., seront fixés annuellement par l'administration.

Le factage et le camionnage par la Compagnie cessent d'être obligatoires en dehors du rayon de l'octroi, dans les villes qui ont moins de 5,000 habitants, et à plus de 5 kilom. de la gare. Ces opérations sont toujours facultatives pour le public.

Toute faveur d'expédition, tous arrangements particuliers et exclusifs avec des entreprises de transport sont interdits.

Les militaires voyageant isolément, en service, ne paient plus qu'un quart du tarif, comme s'ils voyageaient en corps.

Les services de la poste, des prisonniers, du télégraphe sont réglés comme antérieurement.

La faculté réciproque de circulation sur les chemins concédés et sur les embranchements qui pourraient l'être, est maintenue, avec réductions éventuelles de péage indiquées précédemment (§ 7).

Les embranchements aux mines et usines voisines du chemin de fer sont prévus, obligatoires pour la Compagnie, aux frais des propriétaires, et réglementés dans leurs détails.

La moitié des emplois, désignés par un règlement d'administration publique, est réservée aux anciens militaires libérés du service.

Le cahier des charges d'Orléans servit de type pour les arrangements de même nature qui furent pris successivement, en 1857 et années suivantes, avec les chemins de Paris-Lyon-Méditerranée (19 juin 1857), Nord (26 juin 1857), Midi (1er août 1857), Est (11 juin 1859), Ouest (11 juin 1859).

Dans la seule année 1857, 2,586 kilom. de chemins nouveaux furent concédés aux anciennes Compagnies, sans subvention, ni garantie d'intérêt.

§ 16. — Les choses cependant ne devaient point en rester là. La constitution des grandes Compagnies, qui s'est opérée à cette époque, par les fusions et par les concessions nouvelles, leur imposait des engagements nouveaux et des dépenses considérables, auxquels il importait de leur donner les moyens de satisfaire, par des émissions d'actions et par des emprunts. Le concours que l'Etat avait apporté à l'établissement des chemins de fer, sous forme de subventions et de garanties d'intérêts, ne se trouvait d'ailleurs défini que par des actes nombreux et compliqués, lois, décrets, cahiers des charges, conventions concernant les concessions partielles et successives qui avaient été faites à diverses époques. Il était utile de régulariser et de bien établir la situation réciproque de l'Etat et des Compagnies.

Nouvelle modification des concessions de l'Orléans (11 juin 1859).

Deux groupes d'intérêts se trouvaient en présence : d'un côté, l'Etat et le public, qui voulaient l'extension des voies ferrées sans sacrifices trop grands pour le Trésor, et des transports rapides à bon marché ; de l'autre, les Compagnies qui se préoccupaient d'assurer le revenu de leurs actionnaires et la sécurité de leurs créanciers actuels et futurs.

On connaît les combinaisons qui ont été imaginées et adoptées pour concilier ces intérêts. En voici le résumé, en ce qui concerne la Compagnie d'Orléans, telles qu'elles résultent du décret du 11 juin 1859.

La concession est partagée en deux réseaux distincts, savoir :

Division en deux réseaux.

L'ancien réseau comprend les lignes Paris-Orléans-Tours-Bordeaux, avec embranchements sur La Rochelle et Rochefort ; Tours-Nantes-Saint-Nazaire ; Orléans-Vierzon-Bec-d'Allier ; Vierzon-Châteauroux-Limoges ; Tours-Mans ; Nantes-Châteaulin, avec embranchement sur Pontivy ; part d'Orléans dans le chemin de Ceinture de Paris.

Le nouveau réseau comprend toutes les autres lignes concédées et retrocédées, soit à titre définitif, soit à titre éventuel.

L'Etat garantit à la Compagnie, pendant cinquante ans, à partir du 1er janvier 1865, l'intérêt et l'amortissement à 4 0/0, c'est-à-dire

4.655 du capital affecté au rachat ou à la construction des lignes du nouveau réseau. Le capital garanti ne pourra excéder 601 millions de francs pour les concessions définitives, et 214 millions pour les concessions éventuelles. (Celles-ci sont toutes devenues définitives.)

Deux comptes annuels sont établis : Ancien réseau, nouveau réseau.

Toute la portion des produits nets de l'ancien réseau, qui excède un revenu moyen de 27,400 fr. par kilomètre, est ajoutée au produit net du nouveau réseau, pour couvrir l'intérêt et l'amortissement garantis par l'Etat.

Du 1er janvier 1865 à l'achèvement complet des lignes concédées, le chiffre de 27,400 fr. est réduit de 200 fr. par an et par chaque longueur de 200 kilomètres du nouveau réseau, non livré à l'exploitation, sans toutefois que la réduction puisse excéder 2,400 fr.

Les sommes payées par l'Etat, en exécution de sa garantie, lui seront remboursées avec les intérêts simples à 4 0/0 sur les produits nets des lignes garanties, dès que ces produits, accrus des excédents de l'ancien réseau, dépasseront l'intérêt et l'amortissement garantis.

A la fin de la concession ou en cas de rachat, il y aura compensation jusqu'à due concurrence entre les sommes dues à l'Etat et la valeur du matériel des deux réseaux. Le cas où la créance de l'Etat dépasserait cette valeur n'est pas prévu.

Le partage du bénéfice au delà de 8 0/0, stipulé au profit de l'Etat par la convention du 11 avril 1857, est ainsi modifié : Lorsque les produits nets des deux réseaux excéderont le montant nécessaire pour représenter un revenu de 32,000 fr. par kilomètre sur l'ancien réseau et 6 0/0 du capital effectivement dépensé pour le nouveau réseau, l'excédent sera partagé par moitié entre l'Etat et la Compagnie.

L'intérêt et l'amortissement des emprunts faits par la Compagnie pour l'achèvement des travaux, en cas d'insuffisance du capital garanti, restent à la charge de la Compagnie. Celle-ci, en d'autres termes, le revenu réservé à l'ancien réseau, a aussi à sa charge l'écart entre le taux garanti de 4.65 0/0 (intérêts et amortissement) et le taux effectif des emprunts faits pour le nouveau réseau. Cet écart était de 1.10 en 1859.

Le compte de premier établissement des lignes du nouveau réseau n'est définitivement arrêté que cinq ans après le 1er janvier qui suit leur mise en exploitation. Après ce délai, la Compagnie pourra être autorisée par décret à ajouter à ce compte des dépenses nécessaires de premier établissement, mais seulement pour l'exercice du droit de partage des bénéfices, et sans que cet accroissement de dépenses autorisées donne lieu à une augmentation de garantie.

Formation des deux réseaux des autres grandes Compagnies. Résultats.

Disons de suite que des conventions semblables furent conclues à la même date (11 juin 1859) avec les Compagnies de Paris-Lyon-Méditerranée, du Nord, de l'Est, de l'Ouest et du Midi. De quelque façon que l'on en juge les résultats définitifs, ce fut une œuvre considérable, à laquelle est attaché le nom de M. de Franqueville.

L'idée saine, économique, ingénieuse dans ses applications, qui ressort de ces combinaisons, fut d'utiliser, pour l'établissement des lignes secondaires de moindre rapport, les gros revenus des grandes lignes en les limitant, leur prospérité en la consolidant, et d'ajouter au crédit des Compagnies le crédit puissant de l'Etat. L'inconvénient, qui n'apparut que plus tard, était de concentrer entre les mains de ces grandes Compagnies les transports par chemins de fer, de telle sorte que rien ne pût avec succès se faire désormais, en dehors d'elles, par l'industrie privée; et sinon d'immobiliser les tarifs pendant une trop longue période de temps, du moins de subordonner leurs réductions futures à des intérêts qui pouvaient être différents de l'intérêt public.

Il est juste d'ailleurs de remarquer que l'avenir a justifié assez exactement les prévisions de M. de Franqueville. Dans son grand discours du 27 juin 1865, il annonçait que les avances faites par l'Etat pourraient atteindre 600 millions vers 1885, et que les remboursements des Compagnies commenceraient alors. A la fin de 1880, ces avances ne dépassaient pas 650 millions et les remboursements, sauf de la part d'une seule Compagnie, avaient déjà commencé. Cette somme était largement dépassée par les prélèvements faits sur les produits nets des anciens réseaux au profit des nouveaux, soit comme déversements, soit comme couverture des différences entre le taux effectif des emprunts et l'intérêt, avec l'amortissement, de 4.65 0/0 garantis par l'Etat.

Continuation des travaux de l'Etat.

§ 17. — Les conventions du 11 juin 1859 n'avaient point annulé le concours et les subventions de l'Etat, pour une partie des lignes concédées, soit en argent, soit en travaux; et, d'autre part, la loi du 2 juillet 1861 autorisait le ministre des travaux publics à entreprendre un grand nombre de lignes nouvelles, déclarées d'utilité publique par décrets impériaux. Cette loi en énonçait vingt-deux, sans compter les chemins algériens, concédés et subventionnés par décret du 11 juillet 1860.

Il était, en conséquence, nécessaire de créer des ressources correspondantes. Ce fut l'objet de l'émission, décrétée le 4 juillet 1861, de 300,000 obligations du Trésor, émises à 440 fr., rapportant 20 fr. d'intérêt, et remboursables à 500 fr., en 28 ans. On réalisait ainsi 132 millions applicables aux nouveaux développements des chemins de France et d'Algérie.

A la fin de 1861, 20,000 kilomètres de chemins étaient concédés, et 10,000 exploités.

L'Etat avait dépensé 779 millions, et les Compagnies 3 milliards 800 millions de francs.

Les chemins algériens devaient être définitivement concédés pour 99 ans (11 juin 1863), à la Compagnie Paris-Lyon-Méditerranée, aux conditions suivantes :

Il était accordé des subventions de 16,500,000 fr. à ligne de la mer à Constantine, et de 63,500,000 fr. à celle d'Alger à Oran par Blidah. En outre, l'Etat garantissait l'intérêt à 5 0/0, amortissement compris, pendant 75 ans, d'un capital de 80 millions.

Les tarifs stipulaient pour les :

Voyageurs	de 1re	classe	0.16	Marchandises	de 1re	classe	0.24
—	de 2e	—	0.13	—	de 2e	—	0.20
—	de 3e	—	0.08	—	de 3e	—	0.13

C'était une augmentation de 60 0/0 sur les voyageurs, de 50 0/0 environ sur les deux premières classes de marchandises ; mais seulement de 8 0/0 sur la troisième, par rapport aux tarifs de France. Au-dessus de 8 0/0 de revenu, les tarifs pouvaient être revisés et réduits, mais pas au-dessous de ceux de P.-L.-M. ; en même temps l'Etat prenait la moitié des bénéfices.

Dernières concessions de la Compagnie d'Orléans (1863-1868).

§ 18. — A la même époque (6 juillet 1863) un décret impérial rendait définitives, pour l'Orléans, une partie des concessions éventuelles, prévues dans la convention du 11 juin 1859, concédait quelques lignes nouvelles, et fixait le chiffre des subventions correspondantes. Il était décidé, en outre, que ces subventions, (aussi bien que celles des chemins algériens,) pourraient être payées en 92 annuités, représentant l'intérêt et l'amortissement à 4 1/2 0/0. Le chemin de Châteaulin à Landerneau était attribué à l'ancien réseau ; celui de Bretigny à Tours, compris dans le nouveau réseau en 1859, revenait à l'ancien. Pour l'exercice du partage des bénéfices, le chiffre de 32,000 fr. de produit kilométrique fixé par la convention précitée, était réduit à 30,700.

Le maximum du capital garanti est fixé à 766 millions. Le revenu net moyen de 27,400 fr. par kilomètre, réservé à l'ancien réseau (art. 4 de la convention du 11 jnin 1859) est réduit à 26,300 à partir du 1er janvier qui suivra la mise en exploitation des chemins de Châteaulin à Landerneau et de Bretigny à Tours.

Enfin, le prix de la 3e classe de marchandises est réduit, pour les deux réseaux, de 0.12 à 0.10; et il est établi une 4e classe comprenant les houilles, engrais, matériaux de construction, minerais de fer, etc., avec des taxes différentielles, savoir: Pour les parcours de 0 à 100 kilom. 0.08; de 101 à 300 kilm. 0.05; de plus de 300 kilom. 0.04.

Pour terminer ce qui est relatif à la Compagnie d'Orléans, il faut ajouter les concessions suivantes:

6 janvier 1864, la concession Orléans-Gien est rendue définitive.

17 mai 1865, concession définitive de Limoges à Brives.

8 avril 1865, concession définitive du chemin de Pithiviers à la ligne de Corbeil à Montargis et de Pithiviers la ligne de Paris à Orléans.

26 juillet 1868, concession de Châteaubriant à Nantes, et de Romorantin à la ligne de Tours-Vierzon, avec une subvention de 9,800,000 francs, en 16 payements égaux, ou 87 annuités calculées sur le taux de 4 1/2 0/0, amortissement compris.

Rétrocession éventuelle (devenue définitive le 2 janvier 1869 et le 23 mars 1874), des chemins de Libourne à Bergerac et de son prolongement jusqu'à la ligne de Périgueux-Agen. Entre Libourne et Bergerac, application de la loi de 1842; pour le prolongement, subvention de 8,700,000 fr.

Les chemins concédés feront partie du nouveau réseau. Pour le partage des bénéfices, le produit kilométrique, de 30,700 fr. (convention du 11 juin 1863) est réduit à 30,000 fr.

Le maximum de capital garanti par l'Etat est porté à 832 millions; néanmoins, cette somme pourra être augmentée de 22 millions au plus, pour dépenses approuvées, dans une période de dix ans, d'agrandissement dans les gares, de secondes voies, d'augmentation de matériel roulant. Le compte de premier établissement sera arrêté après ce délai de dix ans. Toutefois, la Compagnie pourra être autorisée, par décret, à prélever, sur l'ensemble des produits nets des deux réseaux, avant tout partage des bénéfices, l'intérêt et l'amortissement des dépenses de premier établissement encore reconnues nécessaires.

Le revenu net de 26,300 fr. réservé à l'ancien réseau, par le décret du 6 juillet 1863, est réduit à 26,000 fr. par kilomètre. Ce chiffre sera augmenté, pour chaque exercice, de 6 fr. par million de dépenses supplémentaires autorisées au-dessus de 832 millions.

Les dernières concessions acceptées par la Compagnie d'Orléans avaient épuisé sinon ses forces, du moins le désir et la volonté, aux conditions proposées, d'étendre encore son réseau. La convention du 26 juillet 1868 stipulait un délai de 8 ans, à dater de la concession définitive, pour le chemin de Bergerac à la ligne Périgueux-Agen (au Buisson), long de 35 kilomètres. Il y avait là un signe évident d'activité expirante. En fait, ce petit chemin fut ouvert à l'exploitation le 28 juin 1879, et il figure dernier dans la liste des ouvertures jointe au rapport à l'assemblée générale des actionnaires, du 29 mars 1881.

Cependant la Compagnie d'Orléans ne resta point entièrement étrangère au développement des chemins d'intérêt local, et chercha même un instant à s'en servir pour se défendre contre les concurrences.

Par une convention du 11 avril 1874, avec le département de la Sarthe, elle prit, sans subvention ni garantie, la concession de cinq chemins dont la longueur, après rétrocessions diverses faites à l'État, est portée pour 98 kilomètres dans le rapport précité.

Concession Orléans - Châlons (14 juin 1864 et 29 mai 1869).

§ 19. — Les besoins et les exigences du public ne permettaient point cependant à l'État de clore l'ère du premier établissement des chemins de fer; et, à défaut des anciennes Compagnies, il s'en présentait de nouvelles qui ne manquaient pas de hardiesse. Ainsi le chemin de fer d'Orléans à Châlons-sur-Marne, qui réunissait deux stations importantes des Compagnies d'Orléans et de l'Est, fut concédé le 14 juin 1864, sans subvention ni garantie d'intérêts, pour 99 ans, et avec les nouveaux tarifs comprenant quatre classes de marchandises, à un consortium étranger. Cette concession fut déclarée en déchéance le 13 juin 1868 et une somme de 245,000 francs, fut acquise au Trésor sur le cautionnement de 2,400,000 francs déposé avant la signature du décret impérial.

Plus tard, le 10 août 1869, le même chemin fut adjugé à d'autres concessionnaires, moyennant une subvention de 24,374,800 francs, pour une durée de 99 ans. Le délai de construction était de six ans; les conditions d'art, de tarifs, de rachat, etc., les mêmes que celles des grands réseaux.

Mais l'initiative privée devenait insuffisante, et l'on se décidait en 1865 à donner une nouvelle impulsion à l'extension du réseau, par la loi du 12 juillet, sur les chemins de fer d'intérêt local.

Chemins d'intérêt local (12 juillet 1865).

§ 20. — La loi du 11 juin 1842 avait posé en principe le concours des départements et des communes, en mettant à leur charge, les deux tiers des indemnités de terrains; et cette disposition avait été

supprimée par la loi du 19 juillet 1845. Le caractère de la loi du 12 juillet 1865 est de revenir à ce concours, et d'y faire appel, dans une plus large mesure, en substituant en grande partie, à l'action et à l'initiative de l'État, celles des autorités départementales et communales. Dans ce système, l'utilité publique est déclarée, et l'exécution des chemins d'intérêt local est autorisée par décrets délibérés en Conseil d'État; mais c'est le Conseil général qui arrête la direction de ces chemins, le mode et les conditions de leur construction, les traités et les dispositions nécessaires pour en assurer l'exploitation; c'est le Préfet qui approuve les projets définitifs, homologue les tarifs et contrôle l'exploitation.

Les chemins d'intérêt local peuvent être concédés. Les ressources nécessaires à la construction ou aux subventions à payer aux concessionnaires sont fournies par les centimes extraordinaires de l'impôt, ou par les emprunts autorisés. Le Trésor peut subventionner ces chemins, jusqu'à concurrence d'un tiers de la dépense que les traités de construction à intervenir laissent à la charge des intéressés.

Cette subvention peut aller à la moitié pour les départements où le produit du centime additionnel aux quatre contributions directes est inférieur à 20,000 francs; et ne dépassera pas le quart pour ceux où ce produit sera supérieur à 40,000 francs. En aucun cas, la dépense annuelle du Trésor ne pourra dépasser 6 millions.

La loi de 1865 donna un nouvel essor à l'esprit d'entreprise, et les communes, les départements s'empressèrent de s'imposer ou d'emprunter, pour participer aux subventions de l'État. A partir de cette époque commence le défilé des déclarations d'utilité publique, et des concessions de chemins d'intérêt local : en 1865, Vitré-Fougères avec des tarifs surélevés pendant 15 ans, puis après ce délai, retour aux tarifs des grandes lignes, puis Vassy-Saint-Dizier. En 1866 Munster-Colmar dont il est à noter que la Compagnie de l'Est entreprend l'exploitation au prix de revient, sans doute comme essai ; Glos-sur-Risle à Pont-Audemer ; Paray-le-Monial à Mâcon ; Châlon-sur-Saône à Lons-le-Saunier ; Pont-de-l'Arche à Gisors. En 1867, Bourg à la Cluse, Bourg à Chalon, Ambrieux à Villebois, les chemins de l'Hérault qui consentent un rabais de deux centimes sur les principaux articles des tarifs de la Compagnie du Midi ! Mamers à Saint-Calais, etc., etc. La simple nomenclature de ces chemins nous entraînerait beaucoup trop loin. Disons seulement qu'ils étaient en général concédés pour 99 ans, avec des tarifs égaux à ceux des grands réseaux, dans des conditions de subventions diverses, et d'exécution technique simplifiée, dont le chemin de Nancy à Vezelise, par exemple, peut donner une idée.

Ce chemin, long de 36 kilomètres, non compris quelques courts embranchements industriels, fut concédé le 26 juillet 1868, pour une durée de 99 ans, du 1er janvier 1873 au 31 décembre 1972.

Le département de la Meurthe s'engageait à payer aux concessionnaires une subvention de 1,435,000 francs à laquelle l'État participait pour 688,000 francs; en outre, à livrer tous les terrains, et à exécuter à ses frais toutes les modifications des routes et des chemins rencontrés, ainsi que les chemins latéraux, et les chemins d'accès aux stations.

Les conditions de rachat, les tarifs des 4 classes de marchandises, petite vitesse, sont les mêmes que pour les grands réseaux.

Il n'y a que deux classes de voyageurs, 1re classe à 0,075 et 2e classe à 0,055.

Le chemin étant subventionné en partie par l'État, est tenu à certains services gratuits pour la poste, le télégraphe. Les militaires, isolés ou en corps, payent demi-prix.

Le nombre des trains de voyageurs, qui pourront être mixtes, desservant toutes les stations, sera au moins de trois par jour dans chaque sens; mais pourra être réduit à deux, si le revenu net est inférieur à 4 0/0 du capital effectivement dépensé par la Compagnie.

Le poids minimum des rails devra être de 20 kilogrammes par mètre courant (au lieu de 37 kilog., sur les grandes lignes). Les passages à niveau pourront rester ouverts, excepté sur les routes nationales et départementales. Le Préfet pourra dispenser la Compagnie de clore tout ou partie du chemin. Partout sont maintenues la largeur de voie de 1m44 à 1m45, entre les rails, et les ouvertures d'ouvrages d'art, nécessaires pour la circulation du matériel roulant des grands réseaux.

Citons encore, à cause de son importance relative, le chemin d'intérêt local d'Orléans à Rouen, dont la partie comprise dans le département d'Eure-et-Loir, fut concédée par le Préfet, le 20 février 1868, avec une subvention de 37,500 francs par kilomètre, dont 12,500 francs fournis par l'État. Le poids des rails est fixé à 35 kilogrammes, sauf réductions autorisées par l'administration.

Continuation des chemins d'intérêt général (1868).

§ 21. — A cette époque, les chemins d'intérêt général se poursuivaient, concurremment avec les chemins d'intérêt local, par les anciennes Compagnies, par des Compagnies nouvelles et par l'Etat. Les délais d'exécution sont en général de huit ans.

Le 4 juillet 1868, la Compagnie de l'Ouest devenait concessionnaire des chemins de Sablé à Chateaubriant, de Laval à Angers, de Saint-Lô à la ligne Rennes-Brest, avec une subvention totale de 50 millions, conversible en 87 annuités calculées au taux de 4 1/2 0/0.

Le 11 juillet, nouvelle convention avec l'Est, pour la concession des chemins de la Varenne à Boissy-Saint-Léger ; de ce dernier lieu à Brie-Comte-Robert ; de Remiremont à la ligne Colmar-Mulhouse.

Le 18 juillet, une loi autorisait le Ministre des travaux publics à entreprendre les travaux de chemins déclarés d'intérêt public par décrets impériaux. La loi en énonçait 17, commençant par Lérouville-Sedan, et finissant par Gravelines à la ligne de Lille à Calais. En aucun cas, les dépenses à faire par l'Etat ne devaient dépasser celles mises à la charge du Trésor par les lois des 11 juin 1842 et 19 juillet 1845.

A la même date, l'Etat concède à la Compagnie des Charentes les chemins d'Angoulême à Limoges et de Saint-Savinien à Saint-Jean-d'Angély, avec une subvention totale de 17,800,000 fr. La Compagnie d'Orléans laissait ainsi envahir son réseau, tout en signant la convention du 26 juillet 1868, rappelée ci-dessus.

Le 10 août, la Compagnie du Midi, qui paraît avoir voulu défendre le sien, acceptait la concession d'embranchements sur Sainte-Affrique, Tarascon, etc.

La Compagnie de P.-L.-M., qui s'agrandissait beaucoup, recevait également, et dans le même esprit, sans doute, les concessions nouvelles de Salon à Miramas, d'Aix à Carnoules, d'Albertville à la ligne Chambéry-Modane, etc., avec une subvention totale de 28,400,000 fr. Puis, le 2 janvier 1869, est déclarée définitive la concession du chemin de Grenoble à la ligne Avignon-Gap.

Le 22 mai 1869, une nouvelle convention entre l'Etat et le Nord stipulait la concession des chemins d'Arras à Etaples, avec embranchement sur Béthune et Abbeville, et de Luzarches à la ligne Saint-Denis-Pontoise. L'Etat s'engageait à livrer les terrains, terrassements, ouvrages d'art, bâtiments ; et la Compagnie à avancer à l'Etat 19 millions, remboursables en 80 annuités, à 4 1/2 0/0.

La concession d'un réseau de chemins, dans les départements du Nord, du Pas-de-Calais et de l'Aisne, faite le 22 mai 1869, à MM. Anatole de Melun, Werner de Mérode et consorts, présente une combinaison particulière. La durée de la concession est de 99 ans, avec les tarifs connus des grandes lignes, et pendant cinquante ans, une garantie d'intérêts à 5 0/0, amortissement compris, est donnée moitié par l'Etat, moitié par les départements intéressés, sans solidarité, au capital de premier établissement. Ce capital ne pourra dépasser 150,000 francs par kilomètre pour l'ensemble des lignes d'un même département, et les frais d'exploitation ne pourront pas être portés en compte pour plus de 8,000 francs par kilomètre.

Le 29 août 1869, la concession de Lérouville-Sedan est adjugée publiquement avec une subvention de 8,445,000 francs, résultant d'un rabais de 5,055,000 francs sur le prix de base de l'adjudication. La Compagnie de l'Est n'avait point pris part au concours.

Le 26 octobre, la concession du chemin de Lyon à Montbrison est donnée, par convention, en dehors de la Compagnie P.-L.-M., moyennant une subvention de 14 millions, dont 2 millions fournis par le département du Rhône.

La guerre et l'invasion (1870-1871).

§ 22. — Nous touchons aux années 1870 et 1871, que l'on ne peut rappeler sans douleur et sans humiliation. Les travaux et les concessions y subirent fatalement un temps d'arrêt. L'un des derniers actes du gouvernement impérial, concernant les chemins de fer, fut la concession des lignes de Bressuire à Joué (près de Tours), et de Bressuire à Poitiers, le 22 juillet 1870, à la Compagnie des chemins de fer de la Vendée. Le premier de ces chemins devait être exécuté dans les conditions de la loi de 1842; et le second recevait une subvention de 2,845,000 francs.

Par une véritable ironie du sort, le 29 juin 1870, avait été promulguée une convention entre la France et la Prusse, pour faciliter la circulation sur le chemin de fer entre Sarreguemines et Sarrebruck! cette convention était signée par MM. Emile Ollivier et Werther.

Reprise d'activité nationale sur les chemins secondaires et d'intérêt local.

Dès que la France eût échappé aux horreurs de la guerre civile, à l'étreinte maudite de l'invasion, et vit approcher le moment où, grâce à son crédit, le territoire serait libéré, l'activité nationale reprit son cours. Dans les premières années qui suivirent l'établissement du régime républicain, un grand nombre de chemins d'intérêt local furent concédés, les grandes Compagnies complétèrent leurs travaux et leurs installations, au moyen des dépenses autorisées, conformément aux conventions antérieures, sur les anciens et sur les nouveaux réseaux. — (La convention avec la Compagnie d'Orléans, du 26 juillet 1868, a été résumée ci-dessus, § 18.) Les Compagnies secondaires, de leur côté, cherchaient à se consolider et à s'étendre.

Le 24 juillet 1871, la Compagnie d'Orléans à Châlons sur-Marne est autorisée à accepter la concession des chemins d'intérêt local de Glos-Monfort à Pont-Audemer, d'Evreux à Elbeuf, etc.

Le 31 juillet, la Compagnie d'Orléans à Rouen, devenait concessionnaire de douze chemins d'intérêt local, dans le département d'Eure-et-Loir, d'une longueur totale de 283 kilomètres en partie subventionnée (123 kilomètres), à raison de 15,000 francs par kilomètre, dont 5,000 par l'Etat et 10,000 par le département.

La loi du 10 août 1871, qui était une loi de décentralisation, autorisait les conseils généraux de deux ou plusieurs départements à s'entendre sur les objets d'utilité commune. Cette loi, combinée avec celle de 1865, sur les chemins d'intérêt local, permettait de constituer des réseaux secondaires en concurrence avec les grands réseaux.

C'est alors qu'on vit apparaître les projets des lignes de Bordeaux au Mans, de Calais à Marseille, de Dunkerque à Perpignan.

Beaucoup de ces projets n'aboutirent pas ; cependant, au 31 décembre 1875, 35 Compagnies nouvelles étaient concessionnaires, dans 41 départements, de 137 chemins ayant une longueur de 4,381 kilomètres.

Toutes les concessions de toutes ces Compagnies n'étaient point destinées à réussir. Notons en passant que la petite ligne de Perpignan à Prades est placée sous séquestre le 8 février 1873.

Les chemins de fer d'intérêt local devaient, pour la plupart, chercher à s'arranger pour leur exploitation avec les Compagnies voisines ; un arrangement de ce genre, dont nous trouverons plus tard des types plus complets et plus durables, § 25, fut conclu et approuvé le 24 mai 1873, entre le chemin de Poitiers à Saumur et la Compagnie des chemins de la Vendée.

Le 16 novembre 1874, le chemin de Besançon à la frontière Suisse, par Morteau, est adjugé avec un rabais de 2,735,000 francs sur le prix de base de 12 millions. La Compagnie P.-L.-M. n'avait point pris part à l'adjudication.

Sur les grands réseaux.

Mais, par une loi du 23 juillet 1875, cette Compagnie devient concessionnaire de 20 lignes nouvelles, parmi lesquelles celle de Nîmes au Theil, section de la grande ligne de la rive droite du Rhône. Cette concession considérable était accompagnée des modifications en usage, à la convention du 18 juillet 1868, concernant le maximum du capital garanti, le revenu réservé, les limites du partage des bénéfices. C'était le signal d'une période nouvelle de grands travaux. On remarque dans la convention annexée à la loi, un engagement de la Compagnie relatif au chauffage des trois classes de voitures.

Le 3 août 1875, la Compagnie du Nord prenait, sans subvention ni garantie, la concession des chemins de Douai à Orchies et à la frontière belge. Un compte spécial, indépendant des anciens et nouveaux réseaux, devait être tenu pour ces lignes ; et l'Etat entrait en partage des bénéfices excédant 13,000 francs par kilomètre.

Par décret du 19 juin, la cession de plusieurs chemins d'intérêt local à la même Compagnie avait été autorisée. Ces chemins obéissant à une attraction naturelle, tendaient à se réunir aux grands réseaux.

Il y a lieu de remarquer que, dans cette période, les grandes Compagnies subventionnent les petits chemins. Ainsi, la Compagnie du Nord (30 juin 1875) verse au Trésor 1,187,500 francs, à titre de fonds de concours pour les lignes d'Epinay à Luzarches et d'Arras à Etaples Béthune et Abbeville.

C'est du 4 août 1875 que date la concession du chemin de fer de grande ceinture aux cinq grandes Compagnies Nord, Ouest, Est, Orléans et Lyon.

Une loi du 2 décembre 1875 accorde, avec une subvention de 12,750,000, la concession du chemin d'Angoulême à Marmande, qui fut racheté par l'État en 1879.

Le 4 décembre, concession à M. Stephen Marc, sans subvention ni garantie d'intérêt, d'un chemin de fer d'Alais au Rhône.

Le 14 décembre, la Compagnie du Midi augmente son réseau de dix chemins nouveaux. L'État livre les terrassements, travaux, etc., non compris les bâtiments des stations, pour quatre d'entre eux, moyennant le payement par la Compagnie d'une somme de 9,300,000 francs.

Pour les six autres, l'État se charge des mêmes travaux, et la Compagnie s'engage à lui avancer 32,400,000, remboursables, jusqu'au 1er mai 1957. Les annuités seront calculées semestriellement, au taux provisoire de 5.75 0/0, et au taux définitif arrêté, après le versement intégral des avances, d'après le prix moyen des obligations émises par la Compagnie, du 1er novembre 1876 au 1er février 1884.

Deux autres sommes de 15 et de 3 millions sont consenties, aux mêmes conditions. C'est donc plus de 50 millions que l'État emprunte de cette manière. Ici c'est le crédit des Compagnies qui vient en aide au crédit public : tantôt l'État fait des avances qu'il se réserve de transformer en annuités ; et tantôt il en reçoit qui sont soumises à la même transformation.

La convention du 14 décembre modifie de nouveau le chiffre du capital garanti, du revenu réservé, etc.

A la fin de décembre 1875, des conventions analogues sont conclues entre l'État et les grandes Compagnies, pour l'extension de leurs réseaux : le 30 décembre avec le Nord ; le 31, avec l'Est, à la même date avec l'Ouest.

Sur les travaux de l'Etat.

Les 16 et 31 décembre, sont déclarés d'utilité publique 33 chemins nouveaux. Pour les 11 premiers, situés dans la région Ouest, il est stipulé que, en aucun cas, les dépenses ne pourront excéder celles qui sont mises à la charge du Trésor, par les lois des 11 juin 1842 et 19 juillet 1845; et que ces chemins devront être concédés simultanément à une ou plusieurs Compagnies. Pour les autres l'État assume toutes les charges : seulement l'obligation de les concéder est moins nettement établie.

Ainsi, de tous côtés, et de toute façon, on travaillait avec persistance et activité au développement des voies ferrées; mais on ne peut pas dire que ce fut partout avec un égal succès. Tandis que le crédit de l'État et des grandes Compagnies assurait l'exécution de leur tâche, les moyennes et les petites entreprises périclitaient, et de là allaient surgir de nouvelles questions, et même des embarras.

Rachat des chemins secondaires. Chemins d'Etat. 1878

§ 23. — Jusqu'ici, tout en apportant un concours considérable à l'exécution des chemins de fer, l'administration, comme on dit, ou si l'on veut le gouvernement, le Ministre des Travaux publics n'avait point manifesté l'intention de les exploiter lui-même, et de créer ce que l'on appelle des chemins d'Etat. Les petits chemins paraissaient destinés à être absorbés par les grands, soit comme concession, soit du moins comme exploitation. C'est ce qui arriva, par exemple, des lignes concédées aux Compagnies du Nord-Est, et de Lille à Valenciennes, que la Compagnie du Nord fut autorisée à exploiter par décret du 20 mai 1876. C'est ce qui était arrivé du chemin de Mirecourt à Vezelize, rétrocédé à la Compagnie de l'Est, qui déjà était autorisée, par décret du 18 octobre 1873, à exploiter la section de Vezelize à Nancy.

Mais il n'en fut point toujours ainsi. D'une part on pensait et l'on disait que les grands réseaux prenaient des proportions exagérées; que les six grandes Compagnies devenaient une puissance dans l'État; on criait au monopole. D'autre part ces Compagnies elles-mêmes n'étaient point disposées, sans doute, à se charger à tout prix des exploitations qui pouvaient s'offrir.

Cette situation ne devait point tarder beaucoup à s'accentuer. Par décret du 9 juin 1877, les chemins de fer de la Vendée, en attendant leur rachat par l'État, sont placés sous séquestre, attendu que, aux termes du décret, la Compagnie se trouve amenée à une situation financière qui rend impossible la continuation des travaux entre Joué et Châteauroux, et pourrait compromettre l'exploitation de sa gne de Tours aux Sables-d'Olonne.

Une loi du 18 mai 1878 consacre le rachat des chemins des Compagnies suivantes : des Charentes, de la Vendée ; de Bressuire-Poitiers ; de Saint-Nazaire au Croisic ; d'Orléans-Châlons ; de Clermont-Tulle ; d'Orléans-Rouen, en faillite ; de Poitiers-Saumur ; de Maine-et-Loire et Nantes ; des chemins Nantais. C'est une véritable débâcle.

Le Ministre est chargé d'assurer l'exploitation provisoire des lignes reprises par l'Etat, à l'aide de tels moyens qu'il jugera le moins onéreux pour le Trésor.

Le prix du rachat devra être évalué conformément à loi du 23 mars 1874, c'est-à-dire d'après les dépenses réelles de premier établissement.

Voilà donc l'Etat engagé, et poussé dans une voie nouvelle par les circonstances, par l'opinion publique, et, dans une certaine mesure, par la Chambre des députés.

Des décrets du 25 mai 1878 organisent l'administration et le service financier des chemins de fer rachetés et provisoirement exploités par l'État, sous la dénomination de *Chemins de fer de l'État*. Prenant avec raison pour modèle l'organisation des Compagnies, on en confie l'exploitation à un conseil d'administration de neuf membres, pourvu d'attributions analogues à celles des administrateurs de ces Compagnies, autant que le permettent les règles étroites de la comptabilité du Trésor.

Création du 3 0/0 amortissable (11 juin 1878).

Il fallait des ressources pour payer le rachat et l'achèvement des lignes reprises par l'Etat. Une loi du 11 juin 1878 y pourvoit au moyen de la création de la rente 3 0/0, amortissable par annuités en 75 ans, imitation assez naturelle des obligations 3 0/0 émises par les Compagnies. Il était ouvert, en même temps, au ministre des travaux publics, un crédit de 331 millions, savoir : 270 millions, y compris intérêts, pour le rachat de 1,510 kilomètres, montant approximatif des sentences arbitrales d'évaluation ; 42 millions pour achèvement, par les Compagnies, de certaines lignes rachetées ; 18 millions pour l'achèvement par l'Etat des autres lignes ; enfin 1 million pour couvrir l'insuffisance éventuelle de l'exploitation provisoire. L'Etat payait ainsi 330 millions pour le premier établissement de 1,510 kilomètres de chemins de fer ; soit, en nombre rond, 220,000 fr. par kilomètre.

Le 14 juin, le ministre était autorisé à entreprendre l'exécution des travaux de superstructure sur une longueur totale de 220 kilomètres.

C'est un peu avant cette époque qu'une commission spéciale fut chargée, en 1877, d'étudier et de proposer l'exécution des lignes nouvelles nécessaires à la défense du pays. En possession de moyens nouveaux, administratifs et financiers, le gouvernement put commencer à donner suite à ces propositions. Une loi du 15 juin 1878 déclara d'utilité publique le chemin éminemment stratégique de Chalindrey à Mirecourt, avec des embranchements sur Neufchâteau et sur Langres.

§ 24. — En mars et avril 1879, on trouve encore un grand nombre de déclarations d'utilité publique; mais nous passons, en abrégeant, au fameux programme Freycinet, et aux lois des 17 et 18 juillet 1879, qui classait d'un coup, dans le réseau d'intérêt général, 181 lignes en France et 20 en Algérie.

Programme Freycinet.

Ces lignes comprennent :

5.400	kilomètres	déjà concédés, mais non exécutés.
9.100	—	de chemins d'intérêt général, non concédés.
2.500	—	de chemins d'intérêt local, déjà classés.

17.000 kilomètres en totalité, évalués à 3,400 millions de francs à dépenser en dix années.

L'article 3 des lois précitées porte que l'exécution des lignes ainsi classées aura lieu successivement, en tenant compte des intérêts militaires et commerciaux, ainsi que du concours financier des départements, des communes et des particuliers. Il y en avait pour tout le monde.

Naturellement, il y avait loin aussi du classement à l'exécution. Ce fut, en tout cas, une initiative hardie, trop hardie suivant quelques-uns; mais trop rapprochée du moment actuel pour être définitivement jugée. Les travaux exécutés par l'Etat, et alimentés par de nouvelles émissions de Rente 3 0/0 amortissable, sont maintenant en pleine activité, sans que l'on ait encore adopté de régime définitif pour l'exploitation des chemins non concédés.

Cette intervention vigoureuse de l'Etat n'excluait point toutefois le concours des Compagnies. Ainsi, la Compagnie de l'Est soumissionne, le 7 août 1879, comme un simple entrepreneur, les travaux de superstructure du chemin de Chalindrey à Mirecourt, avec ses embranchements, évalués à 9,300,000 fr.

§ 25. — Ainsi encore un décret du 24 octobre 1879 approuve la convention passée entre l'Est et l'Etat pour l'exploitation provisoire de la ligne Sedan-Lérouville, qui avait été rachetée le 4 août 1879, de la Compagnie des chemins de fer de Lille à Valenciennes, en faillite.

Exploitation par l'Est de Lérouville-Sedan, Chalindrey-Mirecourt, etc.

La convention dont il s'agit mérite qu'on s'y arrête, parce qu'elle contient les conditions d'un traité complet d'exploitation, dont je résume les plus importantes.

La Compagnie se charge de cette exploitation avec son personnel, son matériel, si celui de l'Etat ne suffit pas, et avec application du cahier des charges de l'ensemble de ses concessions. Toutefois, en ce qui concerne les tarifs, l'Etat se réserve de prescrire les modifications utiles à l'intérêt public.

La seconde voie sera posée, et les travaux complémentaires seront exécutés par la Compagnie aux frais de l'Etat.

Il sera tenu un compte spécial, distinct de ceux des deux réseaux.

Les dépenses comprendront les dépenses des services, voie, traction, matériel, exploitation, plus une part dans les dépenses des gares communes et dans les frais généraux de la Compagnie, déterminées d'après les règles établies par l'administration, sur la proposition de la commission de vérification des comptes, instituée par le règlement du 2 mai 1863.

Le compte annuel des recettes et des dépenses sera établi, pour chaque exercice, le 1er avril au plus tard de l'année suivante. Les recettes appartiendront à l'Etat, et les dépenses seront remboursées à la Compagnie; mais seulement jusqu'à concurrence d'une somme calculée avec la formule $D = 6,000 + 0.40 (R - 6,000)$, dans laquelle D représente la dépense à rembourser, et R la recette brute effective (impôt déduit), par kilomètre; c'est-à-dire que la somme à payer à la Compagnie est de 6,000 fr., plus 40 0/0 de l'excédant de la recette brute sur une recette de 6,000 fr.

Si la recette kilométrique tombe au-dessous de 6,000 fr., la limite de la dépense à rembourser reste néanmoins fixée à 6,000 fr. Au chiffre calculé avec la formule précédente, on ajoute chaque année 5 0/0 du capital dépensé en augmentation d'inventaire, de mobilier, de matériel roulant, sans toutefois que cette somme, ajoutée aux 5 0/0 de la valeur de l'inventaire repris par la Compagnie au commencement de l'exploitation, puisse dépasser 1,000 fr. par kilomètre.

L'Etat s'engage à ne pas exiger de la Compagnie plus de trois trains par jour, dans chaque sens, de quatre trains et de cinq trains, pour des recettes égales ou inférieures, respectivement, à 8,000, 11,000 et 14,000 fr., et ainsi de suite, un train en plus correspondant à un accroissement de recettes de 3,000 fr. Tout train réclamé par l'Etat, en dehors de ces limites, sera remboursé à raison de 1.50 par kilomètre parcouru.

L'excédant éventuel des dépenses effectives sur les dépenses remboursées par l'Etat sera prélevé sur le produit réservé de l'ancien réseau. Un excédant des recettes sur les dépenses, résultant du compte annuel, sera attribué pour 2/3 à l'Etat, et pour 1/3 à la Compagnie. Ce dernier tiers sera ajouté au produit réservé.

La convention pourra prendre fin au 31 décembre de chaque année, sous la condition de dénonciation de part ou d'autre, six mois à l'avance.

Le 31 février 1881 la Compagnie de l'Est passait avec l'Etat un nouveau traité d'exploitation provisoire pour les lignes de Mirecourt-Chalindrey, Lérouville-Sedan, etc., analogue au précédent, avec quelques modifications : ainsi, la ligne la plus courte y est prescrite pour la direction à donner aux marchandises ; et les détournements du trafic, par des réductions de taxe, y sont interdits de part et d'autre.

La somme payée par l'Etat pour les dépenses d'exploitation ne devra pas dépasser 2.60 par kilomètre de trains. La Compagnie reçoit comme prime 1/3 de l'économie faite sur ce prix maximum ; en outre 1/3 de la recette nette excédant 3,000 fr. par kilomètre.

Nouvelle loi sur les chemins d'intérêt local (11 juin 1880).

§ 26.—En même temps que les chemins d'intérêt général étaient successivement déclarés d'utilité publique, puis entrepris, le réseau des chemins d'intérêt local continuait son développement, de telle sorte que l'on fut conduit à faire une nouvelle loi remplaçant celle du 12 juillet 1875, et s'appliquant aux tramways ainsi qu'aux chemins de fer.

Pour les chemins qui ne dépassent pas le territoire d'une commune, le conseil municipal jouit des attributions du conseil général, qui, en tout cas, donne son avis.

Tout projet de chemin d'intérêt local est soumis au conseil des ponts et chaussées et au Conseil d'Etat. L'utilité publique étant déclarée, et la concession autorisée par une loi, les projets des travaux sont soumis par le préfet au conseil général du département. Le ministre, sur l'avis du conseil général des ponts et chaussées, peut, dans les deux mois, provoquer une nouvelle délibération du conseil départemental.

L'acte de concession détermine les tarifs. Les taxes perçues dans es limites des tarifs concédés sont homologuées par le préfet, ou si la ligne s'étend sur plusieurs départements par le ministre.

A moins de stipulations contraires, il pourra être accordé des concessions concurrentes.

En cas d'insuffisance du produit brut pour couvrir les frais d'exploitation, augmentés des 5 0/0 du capital de premier établissement, l'Etat peut s'engager à y subvenir pour une part, à condition qu'une part égale soit payée, avec ou sans le concours des intéressés, par le département ou par la commune.

La subvention de l'Etat sera formée : 1° d'une somme fixe de 500 francs par kilomètre exploité ; 2° du quart de la somme nécessaire pour élever la recette brute annuelle (impôts déduits) à 10,000 francs pour les lignes qui peuvent recevoir le matériel des grands réseaux, et à 8,000 fr. pour les autres.

En aucun cas, la subvention de l'Etat ne pourra élever le produit brut au-dessus de 10,500, respectivement 8,500, ni attribuer plus de 5 0/0 au capital de premier établissement. La charge annuelle du Trésor ne pourra d'ailleurs dépasser 400,000 fr. pour un même département.

Au-dessus de 5 0/0 du capital dépensé, la moitié de l'excédant est partagé entre l'Etat, le département ou la commune. ou autres intéressés, au prorata des avances faites par chacun et jusqu'au complet remboursement de ces avances sans intérêts.

Les chemins subventionnés par le Trésor sont seuls assujettis à des services gratuits ou à des réductions de tarifs.

Le capital-actions sera d'au moins la moitié du capital de premier établissement.

Le préfet peut dispenser des clôtures le long de la voie et des barrières au croisement des chemins peu fréquentés.

Résumé historique.

§ 27. — Nous voici arrivés au terme de ce résumé historique, qui ne paraîtra peut-être pas trop long, si l'on considère qu'il embrasse la période de cinquante ans, la plus féconde en travaux que l'humanité ait traversée, et que je me suis efforcé d'abréger en laissant de côté toutes les questions techniques et les opérations financières des Compagnies. Je crois que les survivants déjà rares de la génération qui y a pris la plus grande part et qui peut dire : *Quorum pars magna fui*, aussi bien que les hommes nouveaux, assez enclins à renverser l'œuvre de leurs devanciers. pourront y trouver quelque intérêt et même quelque utilité, l'étude du passé devant surtout servir à former les vues justes et saines pour régler le présent, après avoir autant que possible prévu l'avenir.

Il serait difficile de résumer davantage ce qui précède ; cependant, envisagée dans son ensemble, l'époque qui nous occupe se divise assez bien en périodes à peu près décennales.

De 1832 à 1842 c'est la période des études, des essais et des mécomptes ; on fait appel à l'industrie privée, qui se fie à ses propres forces, se passe du concours de l'Etat et accepte des conditions insuffisantes de durée et de tarifs.

De 1842 à 1852, le gouvernement revise les actes de concessions, en augmente les tarifs et la durée, et accorde des secours aux Compagnies soit en argent, soit sous forme de garantie d'intérêts. Mais l'Etat prend surtout une grande initiative par la loi de 1842, en construisant à ses frais le corps du chemin, et en se chargeant ainsi de la moitié environ de la dépense. Les concessions s'appellent alors *Baux d'exploitation.* Les tarifs des voyageurs sont fixés et ne varieront plus guère à l'avenir ; ceux des marchandises sont réduits, la durée des baux est abaissée à un minimum frappant (27 ans et 278 jours pour Orléans-Bordeaux). C'est en définitive dans cette période que se déterminent et se construisent les grandes lignes du réseau français.

La période qui commence en 1852 est caractérisée par la formation et le développement des grandes Compagnies ; par le retour aux concessions proprement dites, avec des durées de 99 ans, mais avec faculté de rachat par le gouvernement après 15 années d'exploitation ; par les garanties d'intérêt, etc. C'est à la fin de cette période (1859) que l'on imagine la séparation en deux réseaux; le revenu réservé, le fameux déversoir.

A partir de 1861, nouvelle initiative de l'Etat, en France et en Algérie, emprunt spécial par obligations remboursables, affecté à la construction des chemins de fer. Formation des Compagnies secondaires ; création et développement des chemins de fer d'intérêt local jusqu'à la crise de 1870-71.

La dernière période décennale, qui s'étend depuis 1871 jusqu'à ce jour, est caractérisée par le développement des grandes Compagnies (Orléans excepté), des chemins locaux, mais surtout par la liquidation et le rachat des chemins secondaires, par le programme des grands travaux et par la création des chemins de l'Etat.

Il résulte clairement du passé qu'il n'y a pas eu, de la part des divers gouvernements qui se sont succédé, de système absolu, de parti-pris inflexible, que toutes les combinaisons ont été imaginées et adoptées, depuis la concession indépendante, sauf en ce qui concerne la police et le contrôle, jusqu'à la concession subventionnée sous toutes les formes, jusqu'au bail d'exploitation, et finalement jusqu'au chemin d'Etat. Quoi qu'on fasse, maintenant, on ne fera rien de bien nouveau.

Il y a cependant quelques éléments de la question qui sont parvenus promptement à une fixité à peu près complète : ce sont la durée et les tarifs de concession, c'est-à-dire ceux qui intéressent particulièrement le public. A partir de 1852, toutes les concessions sont de quatre-vingt-dix-neuf ans. Dès 1840, les prix maximum des trois classes de voyageurs sont fixés par kilomètre à 0,10, 0,075 et 0,05 (celui-ci porté à 0,055 en 1844), et n'ont plus varié. Les tarifs des classes de marchandises ont été réduits deux fois de 2 centimes, par tonne et par kilomètre, en 1844 et en 1875, et ont été, cette dernière année, établis à 0,16, 0,14 et 0,12. Toutefois, en 1863, la 3e classe est abaissée à 0,10, et il est créé une 4e classe (houille, engrais...) avec taxes différentielles, descendant de 0,08 à 0,04 par tonne et par kilomètre.

Après avoir analysé, non pas complètement, mais aussi exactement que possible, et à coup sûr sans parti pris, ce qui s'est fait précédemment, je reviens à la question inévitable : Que faut-il faire?

Et d'abord faut-il faire quelque chose? Sans aucun doute, il faut continuer à construire et à exploiter des chemins de fer. Le pays ne permettra pas de longtemps qu'on s'arrête dans cette voie, ouverte depuis cinquante ans à peine.

Mais comment construire et exploiter? Faut-il laisser aller les choses, les grandes Compagnies jusqu'à l'expiration de leurs concessions, les petites jusqu'à la liquidation et à la ruine, les chemins locaux jusqu'au morcellement indéfini, l'État concédant, subventionnant, rachetant, construisant et exploitant un peu à l'aventure?

Faut-il, au contraire, poursuivre systématiquement un but déterminé : soit l'extension progressive des grands réseaux par l'absorption des lignes secondaires et d'intérêt local, soit le rachat de toutes les concessions et la formation de toutes les lignes construites et exploitées ou à construire et exploiter en un seul réseau d'État?

C'est ce que je voudrais maintenant examiner.

II

Du rachat et des combinaisons auxquelles il peut donner lieu.

§ 28. — Je n'insisterai pas sur un point à l'égard duquel tout le monde est d'accord en France : c'est que les chemins de fer font partie du domaine public, que le fonds en est inaliénable, imprescriptible, comme les canaux, les routes et les chemins, et qu'ils ne sont point susceptibles d'appropriation privée. La concession n'est point une propriété, c'est une possession ou une ferme d'une durée limitée, d'un usage réglementé et d'un rachat facultatif. En dehors de l'Angleterre, je ne connais qu'un exemple de concession perpétuelle, c'est celui du chemin du Nord-Autrichien. Il est vrai que cette perpétuité n'avait pas une grande valeur pratique, attendu que la Compagnie ne jouissait du privilège d'exploiter son chemin que pour un temps, et devait périodiquement obtenir du gouvernement le renouvellement de ce privilège, sans lequel ce chemin, si riche, si productif, n'aurait d'autre valeur que celle du sol et des vieux rails.

Exploitation par l'Etat.

Une autre question, celle-ci capitale, qui divise encore les esprits, mais sur laquelle l'accord me semble près de se faire, en France du moins, est celle de l'exploitation par l'Etat.

On a beaucoup écrit et parlé, dans ces derniers temps, sur et généralement contre l'exploitation des chemins de fer par l'Etat. On reproche à cette exploitation l'abus du fonctionnarisme, qui serait extrêmement développé par la libre disposition des milliers de places nouvelles que les autorités politiques et autres auraient à distribuer et les électeurs à solliciter; les abaissements exagérés de tarifs soumis à des influences de même nature et à l'ardeur des intérêts locaux; la gestion peu économique des employés de l'Etat et leur inaptitude commerciale ; la lenteur, les retards de décisions presque toujours pressantes, résultant de la centralisation, de la routine administratives, et de la sévérité même des règles d'une bonne comptabilité du Trésor public.

Ces reproches, ou, si l'on veut, ces craintes, sont tous, à des degrés divers, fondés et compris; je n'y insiste point; mais je les résume tous dans la considération suivante, qui est, à mon sens, d'ordre supérieur en économie politique et sociale. On compare souvent aujourd'hui, et avec raison, une société humaine à un organisme vivant, dont les fonctions et les appareils sont d'autant plus variés, compliqués et nombreux, où la division du travail est d'autant plus grande, que l'organisme lui-même est plus perfectionné. Parmi ces fonctions, celles qui sont sinon les plus élevées en dignité, du moins les plus indispensables à la vie, telles que la nutrition intime des parties, l'élaboration des éléments nécessaires à leur entretien et à leur développement, la circulation, la respiration, s'exécutent sans l'intervention directe de l'appareil central, directeur, du cerveau, en un mot.

Eh bien, il doit en être de même dans le corps social; il faut sans doute une fonction centrale, un gouvernement; mais il ne faut pas que ce gouvernement se fasse distributeur de produits, transporteur, exploitant de chemins de fer en un mot, pas plus qu'agriculteur, industriel et commerçant. Le gouvernement doit se réserver tout entier pour les fonctions d'ordre général que les unités sociales ne peuvent point exercer, soit individuellement, soit au moyen d'associations partielles, telles que la législation commune et ses applications égalitaires, la défense nationale, la préservation de l'ordre public, le contrôle, etc. Sans doute, suivant l'état plus ou moins avancé de la civilisation d'une société, ces fonctions réservées peuvent être plus ou moins étendues; mais le progrès consiste en ce que l'action gouvernementale y soit de plus en plus restreinte, et l'initiative privée de plus en plus libre et féconde.

C'est surtout dans les démocraties où règne la loi des majorités, la loi du nombre, que ce principe doit prévaloir; car c'est là qu'il faut surtout restreindre les cas où les minorités subissent cette loi, qui deviendrait oppressive si elle n'était point contenue dans de justes limites. Je serais surpris que les républicains libéraux ne voulussent point se rallier à ce principe du *minimum de gouvernement*. Le principe contraire est celui des régimes autoritaires. autocratiques, où le chef suprême peut dire : l'Etat c'est moi.

Je demanderais volontiers pardon de cette digression politico-sociale, si elle ne se rattachait pas réellement à la discussion du système de l'exploitation des chemins de fer par l'Etat, système rétrograde dans lequel certains esprits et certains peuples veulent s'engager, et que, je l'espère, nous éviterons en France.

La concurrence et le monopole.

§ 29. — Mais si l'Etat n'exploite pas lui-même les voies ferrées, tout au moins, dit-on, il ne doit pas en faire le monopole des grandes

Compagnies et de l'aristocratie financière qui les dirige ; il y faut la concurrence comme dans toutes les branches de l'industrie et du commerce.

Je n'hésite pas à dénoncer, dans cette manière de voir, une grave erreur économique. Quand on parle de concurrence, on pense involontairement aux anciennes diligences qui luttaient sur les routes de vitesse et de bon marché. Les deux entreprises concurrentes devaient combattre, jusqu'à la mort de l'une d'elles, qui laissait l'autre maîtresse du terrain, ou jusqu'à ce qu'elles fissent la paix aux dépens du public. Mais, ni la guerre ni la paix ne les garantissaient contre l'intervention d'un troisième, d'un quatrième concurrent.

Il est évident qu'une pareille concurrence ne peut exister sur les chemins de fer, tant que chacun n'est point admis à y circuler avec sa locomotive, sa voiture et son wagon, ce que les plus hardis novateurs ne songent point sans doute à proposer.

Il est une autre espèce de concurrence plus pratique, en apparence, et plus féconde en résultats : celle des chemins parallèles ou à peu près parallèles aux lignes principales. Eh bien, c'est encore une illusion. Il est évident que l'établissement de deux chemins parallèles serait, dans la plupart des cas, un gaspillage de la richesse nationale, et la construction de trois de ces chemins, une folie. Mais supposons même ceux-ci construits et exploités, on n'aura pas pour cela créé la concurrence ; car il leur sera possible et même facile de s'entendre pour maintenir les prix par des tarifs communs. Si ma mémoire ne me trompe pas, il existait, il y a quelques années, six ou sept voies plus ou moins directes et pouvant, à la rigueur, concourir toutes pour les transports entre Vienne ou Pesth et Hambourg. Ces voies avaient été établies à une époque où l'Empire allemand n'était point fait, et où chaque Etat construisait des chemins de fer sans plan d'ensemble et à son gré. Cette multiplicité et cette complication n'ont point empêché les Compagnies de s'entendre pour arrêter la dépréciation des tarifs et de se partager le trafic de Hambourg-Vienne dans de certaines proportions. Prétendrait-on imposer législativement aux chemins de fer d'un même pays la défense de s'arranger entre eux, en ne leur laissant que la liberté de se combattre et de se ruiner ; car de se détruire, il n'y faut pas songer : on ne détruit pas un chemin de fer une fois construit. Ce serait une singulière manière de comprendre la *libre concurrence*, ce serait économiquement absurde !

Reste donc la concurrence entre les Compagnies et les chemins d'Etat. Mais est-ce là une concurrence possible ? Quelle entreprise privée, si puissante qu'on la suppose, voudrait et pourrait lutter contre le Trésor public? De deux choses l'une : ou bien elle succomberait, et ce serait la ruine, car en ce qui concerne les grandes Compagnies françaises, le revenu des actionnaires est limité, mais nullement garanti; ruine injuste, qui conduirait nécessairement au rachat; ou bien elle subirait la loi du plus fort : elle se soumettrait, et l'Etat deviendrait le maître et le régulateur des tarifs. Mais, en définitive, en dehors de leur matériel roulant, déjà, pour quelques-unes, fort hypothéqué par les avances reçues en exécution des garanties, les Compagnies ne possèdent que leurs tarifs; si l'Etat les leur enlève par des combinaisons de concurrence, c'est une véritable expropriation, c'est-à-dire encore le rachat, devenu équitablement obligatoire.

Sous quelque aspect que l'on envisage la question, il faut donc reconnaître que les chemins de fer ne sont point un instrument de concurrence; qu'ils sont nécessairement un objet de monopole entre les mains soit de l'Etat, soit des concessionnaires, et qu'il faut simplement limiter, réglementer ce monopole, en prévenir ou en corriger les abus.

Les fondateurs du réseau général des chemins français ont donc été bien inspirés, comme le prouvent la raison des choses et l'expérience de ce qui s'est fait à l'étranger, en écartant la concurrence et en constituant, par des concessions directes et par voie de fusion, des réseaux partiels régionaux, exploités exclusivement par de grandes Compagnies. L'évolution industrielle, dans toutes les branches de l'activité humaine, conduit à l'association des forces, à la concentration des efforts, aux grandes exploitations, en un mot, qui sont les plus propres à assurer les développements, les progrès, l'application des procédés nouveaux, la diminution des frais généraux et par suite des prix de revient. Comment la grande industrie des chemins de fer, qui, plus que toute autre, exige l'ordre, la régularité, l'unité de direction, échapperait-elle à cette loi! Il ne faut d'ailleurs rien exagérer, ni s'effrayer de cette expression malsonnante, je l'accorde, de monopole. S'il y a eu, en 1852 et années suivantes, création de monopoles, ceux-ci ont été singulièrement limités et amoindris par deux dispositions capitales des actes de concessions.

C'est d'abord la faculté réciproque, pour les grandes lignes et pour leurs prolongements et embranchements, supposés concédés à des entreprises différentes, de faire circuler leurs trains les unes sur les autres, moyennant payement de certains péages. Pour qui connaît le service des chemins de fer, cette condition n'a certes pas une grande valeur pratique. Mais c'était une arme entre les mains de l'Etat, pour imposer, au besoin, aux lignes principales des conventions équitables avec les lignes secondaires; pour protéger celles-ci contre l'arbitraire de leurs grandes voisines; pour assurer, en définitive, dans l'intérêt du public, la continuité du trafic, la rapidité des transmissions et la modération des tarifs. En vertu de cette faculté, les trains des lignes de Tours aux Sables-d'Olonne, ou à Poitiers par exemple — devenues lignes d'Etat — auraient le droit de circuler sur le réseau d'Orléans, de Tours à Paris; au prix de quelles complications, c'est une autre affaire.

C'est ensuite et surtout le rachat des chemins concédés par l'Etat, dans des délais relativement courts et bientôt passés, car les termes en sont dès aujourd'hui échus pour tous les grands réseaux, en vertu des dispositions soit des concessions primitives, soit de la loi du 23 mars 1874.

Les conventions et cahiers des charges de 1857 et années suivantes stipulent, en effet, qu'à toute époque, après l'expiration des quinze premières années de la concession, l'Etat aura le droit de racheter les lignes concédées. S'agit-il de la concession principale, dont le commencement, la durée et la fin sont déterminés d'une manière invariable pour chaque Compagnie, ou bien des concessions partielles de lignes qui ont été successivement ajoutées aux divers réseaux, de telle sorte que, dans ce dernier cas, le rachat ne pouvant d'ailleurs être appliqué qu'à l'ensemble des lignes concédées à une Compagnie, chaque concession nouvelle aurait fait courir à nouveau le délai de quinze ans. La question pouvait paraître douteuse, sinon d'après les textes, du moins d'après l'esprit des actes de concession; car il n'était pas probable que l'on pût décider les Compagnies à se charger de lignes nouvelles qui eussent pu être rachetées avant d'avoir donné un produit net quelconque.

Quoi qu'il en soit, cette question a été tranchée par la loi de 1874.

§ 30. — Nous arrivons ainsi à ces premières conclusions :

Premières conclusions.

Les chemins de fer, qui, aussi bien que les routes de terre, font partie du domaine public, ne peuvent admettre, comme celles-ci, une libre circulation. Il y faut une gestion, une exploitation réglementée, centralisée, unique, au moins pour chaque ligne. La seule modification que comporte ce régime, c'est que des industriels, des expéditeurs, des commerçants, peuvent exceptionnellement avoir leurs magasins, leurs voies de garage, leurs wagons et voitures qu'ils livrent au chemin de fer, vides ou chargés. Mais la direction de l'exploitation conserve nécessairement et exclusivement les services du mouvement, de la traction, de l'entretien et de la surveillance de la voie.

C'est une vicieuse disposition économique que de construire ou de concéder des chemins de fer en vue de la concurrence qu'ils seraient appelés à se faire.

La diminution des frais d'exploitation, des prix de revient, et par suite des taxes de transport à percevoir, exige que les voies ferrées soient distribuées en réseaux bien coordonnés, suffisamment étendus, et soumis chacun à une direction unique.

L'Etat ne doit point se charger de l'exploitation des voies ferrées. Une seule exception justifiée à cette règle serait l'exploitation par l'Etat d'un chemin qui servirait d'école et de champ d'essais à ses ingénieurs civils ou militaires et aux compagnies de chemins de fer du génie.

Si l'on tombait d'accord sur ces principes, le terrain, ce me semble, se trouverait déblayé et la question simplifiée.

Revenons, en effet, à notre point de départ, et imaginons que tous les intéressés dans cette grande question, Etat, public, entrepreneurs, concessionnaires..., aient prévu clairement et complètement, il y a quarante ou cinquante ans, l'avenir des nouvelles voies de communications, et aient admis en même temps, les principes posés plus haut, les conséquences suivantes en seraient naturellement sorties.

Application hypothétique et générale de la loi de 1842.

Conformément à la circulaire du 11 septembre 1832, l'État aurait appelé à son aide l'esprit d'association, les Compagnies. Mais il n'aurait point pris avec celles-ci d'engagements à trop longs termes, qui ne s'accommodent point aux changements rapides et progressifs de notre époque. Il aurait partagé les dépenses, prenant à son compte l'infrastructure du chemin, sans pour cela la faire nécessairement exécuter par ses ingénieurs, et laissant à la charge des Compagnies la superstructure et l'architecture ; puis il aurait passé avec elles des baux d'exploitation, c'est-à-dire qu'il aurait appliqué partout les dispositions de la loi du 11 juin 1842.

La durée des baux d'exploitation aurait été calculée de manière à assurer aux capitaux engagés par les fermiers, un intérêt convenable et l'amortissement correspondant à cette durée, avec des tarifs déterminés. Nous reviendrons sur cette détermination des tarifs, qui est le point le plus délicat de la question.

Admettons, par exemple, que le produit net d'un chemin, établi sur des calculs certains dans notre hypothèse, ait suffi pour assurer au capital engagé par une Compagnie, égal à environ la moitié de la dépense de premier établissement, un revenu de 6 0/0, amortissement compris ; la durée du bail-concession eût dû être de trente-six ans, pendant lesquels les actionnaires auraient reçu 5 0/0 d'intérêt, et auraient été intégralement remboursés. Toutes les concessions données dans ces conditions, de 1830 à 1845, arriveraient maintenant à leur extinction.

Ce système n'aurait point exclu d'ailleurs les combinaisons variées de garanties d'intérêt, de participation de l'Etat aux bénéfices, de subventions exceptionnelles, même en dehors de l'infrastructure, à des chemins de fer stratégiques ou autres, d'un trafic insuffisant, de prêts faits par l'Etat aux Compagnies dans certaines circonstances, et de prêts faits par les Compagnies à l'Etat dans des circonstances différentes, suivant la situation du crédit et des affaires : toutes choses qui ont été effectivement pratiquées.

On objecte que le Trésor public aurait difficilement trouvé la somme énorme nécessaire au premier établissement du réseau entier, qui s'élevait à 10 milliards environ à la fin de l'année 1879. Il est vrai que sur cette somme, il n'avait payé que 2 milliards au maximum. Mais je ne saurais admettre qu'il lui eût été impossible de trouver 3 milliards de plus en quarante ans, pour couvrir la moitié environ de la dépense totale, correspondant à l'infrastructure.

En définitive, tous les capitaux employés aux chemins de fer sont sortis de la même bourse commune, qui ne s'est si largement ouverte aux emprunts des Compagnies que parce que celles-ci avaient derrière elles le crédit de l'Etat.

Il est inutile d'ailleurs d'insister sur une combinaison qui a été essayée, abandonnée, reprise, appliquée tantôt ici, tantôt là, et finalement complètement dépassée à partir de 1859 ; tout le monde la connaît : c'est la loi de 1842.

Je ne veux en retenir que ceci : c'est qu'un pareil système, dans lequel l'Etat demeurait propriétaire, pas seulement virtuel et platonique, mais possesseur et bailleur du chemin, et pouvait, à des intervalles de temps, pas trop longs et raisonnablement calculés, modifier les baux, les conditions, les tarifs d'exploitation ; que ce système, dis-je, était le meilleur, et qu'on y aurait persisté, si on avait pu prévoir les développements et la prospérité de la grande industrie des chemins de fer.

Le rachat et ses conséquences financières pour les actionnaires.

§ 31. — Peut-on y revenir maintenant et par quels moyens? Et si on le peut, doit-on le faire? Telles sont les deux questions que nous avons à examiner.

La première ne présente pas de difficultés. Au moment même où l'Etat faisait aux Compagnies les plus larges concessions quant à la durée, il stipulait pour lui, dans les cahiers des charges, ainsi que nous l'avons vu, la faculté de rachat après le délai vraiment court de quinze ans, à compter de la date définitive de la concession. Or, la date la plus récente est celle du 1er janvier 1862 (Compagnie du Midi); par conséquent, le droit de rachat est ouvert, pour les six grands réseaux, depuis 1879, sauf à appliquer à ce rachat le procédé fixé par la loi précitée de 1874.

Si l'Etat se décidait à exercer ce droit, il pourrait ensuite, ou conserver les réseaux actuels en les modifiant par l'adjonction des lignes nouvelles et futures, ou distribuer tous les chemins en un certain nombre de réseaux nouveaux, rationnellement établis, non pour les exploiter lui-même, ce que nous n'admettons pas, mais pour les concéder ou les donner à bail sous des conditions nouvelles de durée et de tarifs.

Mais avant de se prononcer pour ou contre le rachat, il faut se rendre compte de cette opération en elle-même, de ses conséquences financières pour l'Etat et pour les Compagnies, et, par comparaison, des autres combinaisons possibles.

Voyons donc d'abord comment s'opérerait et quels résultats donnerait le rachat du réseau de la Compagnie d'Orléans par exemple, en prenant pour base les données de l'exploitation de l'exercice 1880. Il ne s'agit, bien entendu, que d'une esquisse ; car je ne suis pas assez versé dans les écritures de cette Compagnie pour les interpréter toutes sans incertitude.

Observons d'abord que le rachat, tel qu'il est déterminé par le cahier des charges, laisse subsister la Compagnie pendant toute la durée de la concession. Elle reste, sauf couverture des créances de l'Etat, propriétaire de son matériel roulant, de son mobilier, de ses approvisionnements, de ses fonds de réserve, de sa caisse et de son portefeuille, de ses créances. Elle reste chargée, par contre, de payer l'intérêt et l'amortissement de toutes ses obligations, de satisfaire ses créanciers et de servir à ses actionnaires l'amortissement et un certain revenu de leur capital. La seule différence, au point de vue financier, c'est qu'elle reçoit de l'Etat une annuité, au lieu du produit net du chemin.

Déduction faite du produit net du domaine privé et du placement des fonds disponibles (réserves, etc.), le revenu net des deux réseaux a été, en 1880, de 91 millions en nombre rond. Ce serait l'annuité de rachat à fournir par l'Etat jusqu'à la fin de l'année 1956.

Après déduction des annuités dues par l'Etat, à la place des subventions précédemment accordées à la Compagnie, le service de l'amortissement et des intérêts des obligations, émises pour les deux réseaux, exige annuellement une somme de 57 millions. Il resterait donc 34 millions aux actionnaires, auxquels s'ajouterait le revenu du domaine privé, et des fonds disponibles. Mettons pour cela 2 millions ; on arrive ainsi au chiffre de 36 millions. En 1880, il est resté aux actionnaires, pour amortissement, intérêt et dividende, 35 1/2 millions, y compris 2,233,616 fr. 56 c., produit du placement des fonds disponibles, des réserves et du domaine privé (pages 44 et 46 du Rapport à l'assemblée générale du 29 mars 1881). La situation des actionnaires resterait donc, à l'avenir, à peu près ce qu'elle a été en 1880, d'après ce premier calcul.

Mais il y a d'autres éléments à apprécier dans le rachat. Aux termes de la loi du 23 mars 1874, la Compagnie peut demander que les lignes dont la concession remonte à moins de quinze ans soient rachetées, non d'après leurs produits nets, mais d'après leurs prix d'établissement.

Les lignes d'Orléans qui se trouvent dans ce cas, valent environ 40 millions, que l'Etat aurait à payer. Par contre l'annuité de 91 millions se trouverait atténuée du revenu net de ces lignes, qui probablement ne dépasse pas 2 0/0.

A la fin de 1880, d'autre part, la Compagnie devait à l'Etat 211,257,711 fr., atténués d'une part de 2,817,202 fr. qu'elle a dû lui rembourser sur ce même exercice 1880, augmentés, de l'autre, d'intérêts à 4 0/0. Il y a donc là une dette de 215 millions environ, qui doit être, si possible, compensée par la reprise du matériel roulant, et des approvisionnements, lesquels sont portés dans les écritures pour 181 millions, somme variable suivant les dépréciations par l'usure, les commandes faites en cours de livraison, et insuffisante pour rembourser complètement le Trésor. Le cahier des charges ne dit pas que, en cas d'insuffisance, l'Etat puisse avoir recours sur le domaine privé, les réserves, etc. Il n'est pas stipulé davantage, dans la loi de 1874, que cette insuffisance devra être couverte, par tout ou partie du capital de 40 millions à payer par l'Etat. Il paraît, quoi qu'il en soit, que les actionnaires se trouveraient, si le rachat avait lieu actuellement, dans une situation peu différente de celle qui a été indiquée plus haut.

Quant à l'Etat, dans l'hypothèse où nous sommes placés, il aurait à payer d'abord un capital de 40 millions, ensuite une annuité de 90 millions, et il encaisserait le montant du nouveau bail d'exploitation. Si cette situation serait financièrement avantageuse, c'est une autre question, sur laquelle nous reviendrons.

Objections contre le rachat.

§ 32. — Le procédé du rachat soulève de nombreuses objections : On a vu (§ 3) que les premières concessions accordaient aux Compagnies une certaine bonification de l'annuité de rachat, calculée comme il est dit, bonification variable avec le temps écoulé depuis l'origine de la concession, afin de tenir compte équitablement des accroissements futurs du trafic, et par suite du revenu net. Cette disposition a disparu des actes de concession en vigueur; et certaines Compagnies pourraient se plaindre d'être dépossédées, demeurant sous la charge d'un lourd remboursement à l'Etat, sans pouvoir profiter des accroissements de trafic, sans compensation suffisante des sacrifices qu'elles ont faits pour la construction du nouveau réseau. Cette plainte ne serait pas dénuée de fondement : mais le rachat est de droit strict; les Compagnies ont dû le faire entrer dans leurs prévisions; et si l'intérêt public l'exige, personne ne voudrait ni ne pourrait le subordonner à l'intérêt des actionnaires, quelque respectable qu'il soit.

Il faut cependant reconnaître que l'application rigoureuse de la clause du rachat serait ruineuse pour les actionnaires de l'Ouest, puisque l'avance faite par l'Etat, en 1880, pour sa garantie s'élevait encore à 14,124,598 fr. et dépassait la somme distribuée aux actionnaires de cette Compagnie. L'annuité de rachat basée sur cet exercice ne permettrait pas à celle-ci de satisfaire entièrement ses obligataires. Il y aurait là une véritable iniquité, à laquelle la Compagnie ne pouvait s'attendre en signant les conventions de 1859.

Ce serait le cas de rappeler le : *summum jus, summa injuria.* En cas de rachat, l'Etat devrait nécessairement tenir compte d'une pareille situation; et l'un des procédés à employer pour cela serait de payer en capital la reprise d'une partie du réseau de l'Ouest, suivant les dispositions de la loi de 1874.

J'ai dit plus haut que le rachat est de droit strict. Cette affirmation est contestée : on dit que les conventions de 1859 en assurant pour 50 ans, aux Compagnies, un revenu réservé et une garantie d'intérêts à charge de construire un grand nombre de lignes improductives, ont constitué entre elles et l'Etat une association à laquelle il n'est point permis à l'une des parties de mettre fin, sans le consentement de l'autre, avant l'expiration de cette durée de 50 ans.

Je ne crois pas qu'une pareille prétention puisse être soutenue juridiquement. Supposons, en effet, que les conventions de 1859 aient stipulé, pour la garantie d'intérêts et les revenus réservés, la durée entière des concessions au lieu d'une durée de 50 ans, en conclurait-on que la faculté de rachat, qui est cependant encore rappelée dans ces conventions, ne pourrait plus s'exercer jusqu'à la fin des concessions, et serait par là effacée, détruite? Non sans doute : donc, *à fortiori*, la durée de 50 ans ne peut avoir cette efficacité. La clause de rachat est primordiale, résolutoire de la concession, et par conséquent de toutes les conditions qui en font partie, elle ne laisse subsister que les conditions mêmes du rachat.

La seconde objection au rachat se résume ainsi, dans un ordre d'idées différent : comment l'Etat pourrait-il se résoudre à payer très cher aujourd'hui ce qu'il aura pour rien en 1956 (en ce qui concerne l'Orléans), c'est à dire dans 75 ans?

Evidemment, cette objection n'est due qu'à une interprétation inexacte des conditions du rachat.

Ce que le Trésor public, en effet, paierait d'un côté, comme annuités, il le recevrait de l'autre comme produits annuels de l'exploitation, à moins qu'il ne consente à faire des réductions sur ces produits c'est-à-dire sur les tarifs, ce qui est, de nouveau, une autre question.

Ainsi, que l'Etat rachète actuellement, ou qu'il laisse courir la concession, à l'expiration de celle-ci la balance du compte sera la même *théoriquement* ; et notons que, à cette époque, les mêmes questions se poseront : l'Etat devra-t-il exploiter lui-même ou bien concéder de nouveau les chemins construits, c'est-à-dire, car on ne peut plus supposer autre chose, les donner à bail ? De sorte que le rachat immédiat ou prochain ne soulève point de questions autres que celles dont la solution s'impose à l'avenir.

Une objection plus sérieuse résulte des dispositions de la loi de 1874, en vertu de laquelle les Compagnies ont le droit d'opter, pour certaines concessions, entre l'annuité et le capital de rachat, comme je l'ai déjà rappelé.

Il est évident que l'Etat aurait intérêt à laisser passer le délai de quinze ans pendant lequel les Compagnies ont le droit d'opter.

C'est, en chaque cas, un calcul à faire. J'ai essayé de tenir compte de cette circonstance en ce qui concerne l'Orléans, et j'y reviendrai encore.

On objecte encore que la dépense faite par l'Etat, soit en travaux, soit en subventions, pour le premier établissement des chemins concédés aux grandes Compagnies, et qui s'élève à 1,413,000,000 francs, concourt à la production de la recette nette qui sert de base au calcul de l'annuité à payer en cas de rachat, et qu'il y a là un double emploi au détriment du Trésor public. Ce double emploi est encore plus marqué s'il s'agit du matériel roulant, qui est, d'une part, amorti soit par les produits de l'exploitation pendant la durée de la concession, soit par l'annuité de rachat, et d'autre part remboursé dans tout les cas. On peut répondre à ces objections que si l'Etat n'avait point accordé ces avantages aux Compagnies, les conventions de 1859, n'auraient point eu lieu ou eussent été différentes. Quoi qu'il en soit, ce n'est pas le rachat par lui-même qui aggraverait les charges que les conventions existantes ont imposées au Trésor.

Après avoir écarté, par les motifs qui ont été exposés, l'exploitation directe par l'Etat, sauf dans des cas exceptionnels, et l'exploitation morcelée des lignes secondaires et des chemins d'intérêt local, il n'y a, en dehors du rachat, que deux combinaisons possibles. Ou bien les grandes Compagnies, poursuivant leur existence et leur exploitation, jusqu'à la fin des concessions actuelles, continueraient à s'étendre et à absorber les petits chemins construits et à construire. Ou bien l'on chercherait à former de nouveaux grands réseaux dont les mailles se superposeraient aux réseaux des grandes Compagnies. Mais celles-ci occupent tout le pays, de telle sorte que cette deuxième combinaison serait très difficile à réaliser; et en admettant que l'on y parvînt, qu'aurait-on produit, sinon un enchevêtrement de lignes peu rationnel, une exploitation confuse et peu économique, une concurrence dont l'Etat commencerait par payer les frais en vertu des garanties accordées aux réseaux primitifs, jusqu'à ce que des arrangements inévitables entre les concurrents leur permissent de relever les tarifs aux dépens du public?

De tout ce qui précède, je conclus qu'il ne reste que deux systèmes en présence, entre lesquels il faut choisir: ou le rachat ou le maintien et le développement continu des grandes Compagnies avec ou sans modifications nouvelles des cahiers des charges.

Objections contre le maintien et le développement des grandes Compagnies.

§ 33. — Que faut-il définitivement penser de ce dernier système, et quelles objections soulève-t-il? Il y en a de plus d'une sorte, les unes assez fondées et les autres qui ne le sont pas.

Commençons par écarter celles-ci. Les grandes Compagnies, après des débuts difficiles, des crises, des tâtonnements, des transformations, des fusions, sont entrées, à partir de 1852, dans une ère de prospérité, consolidée par les arrangements de 1857 et de 1859.

Leurs actions ont doublé ou quadruplé de valeur; leurs revenus sont élevés, brillants pour plusieurs d'entre elles; relativement médiocres, mais encore très rémunérateurs pour les autres, eu égard à la diminution générale de l'intérêt des capitaux. Cette situation est parfaitement légitime: c'est celle des industriels qui ont fait fortune; mais elle n'échappe point à l'envie, aux convoitises, aux récriminations, d'autant moins que les Compagnies manifestent des goûts peu démocratiques dans la composition de leurs administrations, ce en quoi elles sont plus ou moins habiles, mais entièrement libres. Laissons donc de côté les reproches d'aristocratie, de monopole qu'on leur adresse pour aborder des motifs plus sérieux.

Le premier, le plus facile à saisir, celui qui frappe le plus l'opinion, c'est que, par le rachat, l'Etat profiterait de tous les accroissements futurs de trafic et de bénéfices, au lieu de n'en recevoir que la moitié à partir d'un certain niveau (conventions de 1859).

Il est bien vrai que, à toute époque de rachat, l'annuité à payer par le Trésor public est égale au produit net à encaisser. Mais il ne l'est pas moins que si l'Etat rachète à un moment donné, au moyen d'une annuité A, dix ans plus tard, le produit net sera B, plus grand que A, et que, par conséquent, le rachat, opéré seulement à la fin de ces dix ans, lui coûtera plus cher de la différence B moins A.

Ceci n'est pas contestable, et il en résulte que, arithmétiquement, l'Etat a intérêt à racheter le plus tôt possible.

Dans une société comme la nôtre, où les changements sont si fréquents, les transformations si rapides, où les ministères, les gouvernements, les constitutions mêmes durent si peu, il eût été téméraire de décréter des durées d'un siècle pour les concessions de chemins de fer, aussi bien que pour toute autre institution, si l'on n'avait point fait, par la clause du rachat, la part de l'instabilité des choses humaines ; le rachat des chemins de fer, c'est quelque chose comme la révision des constitutions. Acceptables pour encourager les débuts d'une nouvelle industrie, des concessions de quatre-vingt-dix-neuf ans étaient exagérées, si on les considérait comme définitives. Je suis de ceux qui pensent, je l'avoue, que le *statu quo* ne pourra point persister encore pendant soixante-quinze ans. C'est affaire de sentiment peut-être, ou de pressentiment plutôt que de raisonnement ; mais l'opinion publique se prononcera dans ce sens de plus en plus, et il sera difficile d'y opposer une résistance durable et absolue.

Ce que le public demande aux chemins de fer se résume ainsi : rapidité, multiplicité des trains, installations confortables des stations et des voitures, surtout sécurité et bon marché des transports. Ces exigences sont souvent exagérées et en partie contradictoires. Si l'on cédait aux désirs des populations, les trains express s'arrêteraient à toutes les stations, et ne seraient plus des trains rapides. La vitesse et la multiplicité des trains coûtent cher, quelquefois hors de proportion avec la fréquentation correspondante ; il y a d'ailleurs pour la sécurité des limites de vitesse qu'il ne faut point dépasser sur les voies et avec le matériel roulant dont on dispose à une époque donnée. Il n'y a pas beaucoup de reproches à faire, sous ces divers rapports, aux Compagnies actuelles, et il paraît certain que ni l'Etat, ni de nouvelles Compagnies ne feraient mieux qu'elles.

En est-il de même quant à la sécurité? Les Compagnies ont-elles bien employé ou essayé, partout où l'utilité en est démontrée, tous les moyens de préservation découverts, appliqués ou indiqués par la science et l'expérience: signaux, disques, cloches et sonnettes électriques ; block system; freins continus, système Saxby pour la manœuvre des aiguilles, etc.? Il n'y a d'ailleurs ni système, ni règlement qui vaille, si le personnel d'exécution est inhabile, négligent ou harassé. En fait d'habileté, chaque pays donne ce qu'il peut, et dans le nombre des appelés, les Compagnies choisissent au moins aussi bien que l'Etat, attendu qu'elles payent mieux. Mais leur personnel est-il assez nombreux; les heures de travail ou de présence, depuis l'aiguilleur jusqu'au chef de station, sont-elles établies dans une mesure telle que l'employé apporte à son service une attention et une activité constantes, une intelligence toujours éveillée? Certes, je sais par expérience combien toutes ces questions sont graves et délicates, et je n'ai point les informations nécessaires pour y répondre avec assurance. Je constate seulement que les derniers accidents inspirent au public des préventions contre les Compagnies, et qu'il faut en tenir compte.

Les Tarifs.

§ 34. — J'arrive maintenant à la question des tarifs, du bon marché des transports, la plus difficile de toutes celles que soulève l'exploitation des chemins de fer.

Nous avons vu que les tarifs fixés par les cahiers des charges sont, par kilomètre :

Tarifs concédés.

	Prix			
Voyageurs, 1re classe	0fr.10	Ces prix ont été fixés, le 9 octobre 1844, pour Orléans-Bordeaux.		
— 2e —	0.075			
— 3e —	0.055			
Marchandises, grande vitesse	la tonne. 0.36			
March. petite vitesse, 1re classe	0.16	Sucre, café, tissus, etc.		Le 19 juin 1857 pour les nouvelles concessions d'Orléans.
— 2e —	0.14	Grains, coton, vins, fers, bois.		
— 3e —	0.10	Pierre de taille, sel, briques.		Le 6 juillet 1863 pr les dernières concessions d'Orléans.
— 4e —	0.08	de 0 à 100 kil.	houilles, engrais, pavés, minerais de fer, matériaux de constr. bruts	
	0.05	de 101 à 300 —		
	0.04	au-dess. de 300		

Ces taxes, qui ne comprennent point l'impôt sur les transports, n'ont plus varié depuis les dates précitées.

Tarifs appliqués.

Mais les tarifs de concession sont loin d'être partout et toujours les tarifs d'application. Ce sont des maximum au-dessous desquels les Compagnies ont en moyenne beaucoup abaissé les prix de transport, déterminées en partie par leur propre intérêt, pour augmenter leur trafic; en partie par le mouvement naturel des choses qui tend à la diminution des prix de revient, par les réclamations de l'industrie, du commerce et du public en général.

Trafic-voyageurs.

Prenons, par exemple, le trafic-voyageurs de l'Est en 1880 ; on trouve, dans le rapport à l'assemblée générale, que le produit moyen d'un voyageur de 1re classe, par kilomètre, a été de 0,0983, *y compris l'impôt*, qui est 22 0/0 de la recette de la Compagnie. Celle-ci n'a donc reçu, en nombre rond, que 0,08. C'est un rabais de 20 0/0 sur le tarif de concession. Le même calcul, appliqué aux voyageurs de 3e classe, donne une réduction de prix de 30 0/0 environ.

Les documents statistiques du ministère des travaux publics pour 1878, contiennent les données suivantes : Produit moyen d'un voyageur des trois classes, par kilomètre, 0,0517, *non compris l'impôt*, sur les chemins concédés de tout le réseau français. Proportion 0/0, dans chaque classe, des voyageurs ramenés à un parcours de même longueur : 1re classe, 15,9; 2e classe, 24,30; 3e classe, 59,80.

Si le tarif plein avait été appliqué à tous les voyageurs, suivant leurs classes, le produit moyen aurait donc été de 0,067. Le tarif effectivement perçu donne un rabais de 0,0153, c'est-à-dire de près de 23 0/0.

La réduction de prix est considérable; mais elle résulte surtout de tarifs très réduits appliqués à certaines catégories de voyageurs : les enfants, les militaires ou marins, les émigrants, indigents, les billets de faveur, les trains de plaisir, les trains d'aller et retour. La masse des voyageurs paye toujours fort cher, surtout avec l'impôt énorme qui pèse sur la grande vitesse.

L'Administration des chemins de l'État, est, la première, entrée largement dans la voie des réductions de prix, sur les billets d'aller et de retour. Elle délivre ces billets entre toutes les gares du réseau, avec rabais de 40 0/0 pour toute distance égale et inférieure à 50 kilomètres et de 25 0/0 pour les distances supérieures. Les chemins concédés la suivront certainement dans cette voie; ils en annoncent l'intention, dès que l'impôt sur la grande vitesse sera ramené au dixième.

Les tarifs concédés à la Société autrichienne des chemins de fer de l'État, (ainsi nommée parce qu'elle a racheté de l'État les chemins qu'il exploitait), sont à peu près les mêmes que les tarifs de toutes les concessions austro-hongroises. Ces tarifs sont pour les voyageurs, en francs, par kilomètre : 1re classe, 0,11; 2e classe, 0,082; 3e classe, 0,055; en traduisant le florin par 2 fr. 50. Les deux premières classes sont de 1/10 plus élevées qu'en France; mais cette surélévation disparaît si l'on tient compte de la dépréciation habituelle de la valeur monétaire, qui depuis bien des années est de 15 0/0 au moins en moyenne.

Du reste, pas plus en Autriche qu'en France, les tarifs de concession ne sont entièrement appliqués. En 1880, le tarif moyen kilométrique des trois classes, perçu par la Société autrichienne, a été de 0 fl. 0256, y compris les militaires; c'est-à-dire de 0 fr. 054, non compris l'impôt, qui est, du reste, très modéré.

En Prusse, on paye 8 à 9 centimes, en première classe, par kilomètre, pour aller de Berlin à Hambourg, ou à Breslau. C'est sensiblement moins cher que notre 1re classe de 10 c. Le prix d'une place de 1re classe de Vienne à Berlin, par Oderberg, pour un parcours de 785 kilomètres, est de 0 fr. 107 par kilomètre.

On peut dire, d'une manière générale, que les tarifs pour voyageurs ne diffèrent pas beaucoup d'un pays à l'autre sur le continent européen, à l'exception de la Belgique.

Tarifs de petite vitesse.

§ 35. — En ce qui concerne les marchandises, il est beaucoup plus difficile de dégager des moyennes et des données comparables, du nombre infini des tarifs de concession, d'application, des tarifs spéciaux des Compagnies et des chemins de l'État.

J'ai rappelé plus haut les tarifs concédés des chemins français. Mais ces tarifs sont maintenant de l'histoire ancienne : les taxes effectives sont bien inférieures. En 1879, le produit moyen d'une tonne de marchandise, transportée à 1 kilomètre a été de 0,595. Il n'est pas possible de calculer quel eût été ce produit moyen si le tarif plein des concessions avait été appliqué à tous les transports; et, par suite, quel a été le rabais sur ce tarif; mais il n'est pas douteux que ce rabais est considérable, puisque la taxe effective par tonne et kilomètre descend au-dessous de celle de la 4e classe, pour la première distance de 0 à 100 kilomètres.

En Autriche-Hongrie les tarifs concédés à la Société autrichienne sont, pour les trois classes : 0,196, 0,147 et 0,098, en comptant le florin à 2 fr. 50; il faudrait les ramener à 0,167, 0,125 et 0,082, en tenant compte de la valeur moyenne effective du florin-papier; car bien que la Compagnie ait le droit de percevoir ses tarifs en or, elle ne peut en faire usage. Ces derniers chiffres se rapprochent beaucoup des taxes respectives des chemins français, pour la 1re classe, la moyenne de la 2e et de la 3e, et la 4e classe. En fait, le tarif moyen, en 1880, de la tonne kilométrique, a été 0 fl. 0313, valant 6 c. 6 en florin-papier, un peu supérieur au tarif moyen français de 1879.

Il faut distinguer, dans les tarifs, la classification et les taxes, c'est-à-dire, la répartition des objets de transport en classes ou séries, puis les prix applicables à ces séries, par tonne et par kilomètre. Le premier progrès à atteindre dans un système de tarifs, c'est une classification uniforme.

En 1876, les chemins de fer austro-hongrois et le gouvernement s'accordèrent sur la tarification suivante, en tant qu'elle reste dans les limites diverses des actes de concession. Le florin est traduit en francs, pour sa valeur au pair de 2 fr. 50. Les taxes ne comprennent point les accessoires et impôts.

Tarifs austro-hongrois.

Grande vitesse (tonne et kilomètre)

A Tarif plein	0.49	
B — réduit	0.205	Beurre, œufs, fromage, pain, poissons, viandes fraîches, lait, fruit, légumes, etc.
	0.155	Emballages vides en retour.

Petite vitesse (tonne et kilomètre)

Classe	I	Dite normale, contenant toutes les marchandises non dénommées......................................	0.155
—	II	Étoffes communes, coton pressé, verre, papier, bestiaux vivants, etc., etc....................	0.1025
—	A	En charge de 5 tonnes au moins. Vins, bières, huiles, lin, chanvre, tabac brut, rails, etc. Taxe décroissant à partir de 0.10 pour les 75 premiers kilomètres, jusques, au delà de 225 kilomètres......................................	0.065
—	B	En charge de 10 tonnes. Houille, coke, chaux, poterie, engrais artificiels, légumes, etc. Taxe décroissant à partir de 0.10 pour les 40 premiers kilomètres jusques, au delà de 305 kilomètres......................................	0.0525
—	C	En charge de 10 tonnes. Minerais, fer brut, engrais, pierres, briques, bois de feu, etc. Taxe décroissant à partir de 0,065 pour les 40 premiers kilomètres jusques, au delà do 230 kilomètres...	0.04
Tarifs spéciaux	I	En charge de 10 tonnes. Céréales, farines, sel, etc., 0.10 les 15 premiers kilomètres, au delà......................	0.65
—	II	En charge de 10 tonnes. Bois brut, de construction, de mines, etc. Taxe décroissant à partir de 0.10 pour les 40 premiers kilomètres jusques, au delà de 155 kilomètres..................	0.04

Il y a, enfin, pour certains articles, des tarifs d'exception.

Outre les taxes accessoires de manutention, de chargement et déchargement, d'assurance de la valeur déclarée, d'assurance du délai de livraison, de pesage, de magasinage, dont les unes sont facultatives et les autres obligatoires, toute lettre de voiture est timbrée à 0.025, pour les parcours inférieurs à 38 kilomètres, et à 0.125 pour les parcours supérieurs à ce chiffre. Les récépissés sont timbrés à 0.125. Enfin, les transports sur les lignes hongroises sont soumis à un impôt de 5 0/0, pour la grande vitesse, et de 2 0/0 pour la petite vitesse. (Ces impôts ont été doublés en 1881.)

Cette tarification se rapproche des tarifs effectivement perçus, beaucoup plus que les tarifs concédés, puisque le tarif moyen de la Société autrichienne, par exemple, en 1880, a été de 0.078, pour la petite vitesse, en comptant le florin à 2 fr. 50. Si elle s'en écarte encore, ce n'est point une conséquence, comme en France, d'un grand nombre de tarifs spéciaux, mais bien des traités particuliers avec les expéditeurs, au moyen desquels les Compagnies se font concurrence, jusqu'à ce qu'elles finissent, ce qui arrive toujours, par s'arranger entre elles.

Après des essais de tarif, dit naturel, en Alsace-Lorraine, qui ne tenait presque plus aucun compte de la nature ni de la valeur de la marchandise, mais seulement de la charge en wagons et du mode de chargement ; après le régime particulariste des Etats ; après des tâtonnements accompagnés de la baisse des tarifs, puis de leur relèvement jusqu'à 20 0/0, l'Allemagne s'est arrêtée en 1877 aux tarifs suivants, dont la classification est uniforme, et dont nous citerons les taxes maxima, peu différentes d'ailleurs d'un Etat à l'autre, pour la Prusse seulement, sur ses chemins d'Etat.

Tarifs allemands (1).

Grande vitesse (tonne et kilomètre), 0.275

Petite vitesse (tonne et kilomètre)

Expéditions partielles de toute nature de marchandises,...		0.135
— de 5 t. au moins de toute nature de march.		0.08125
— 10 t. — —		0.075
— 5 t. — des tarifs spéciaux........		0.06875
Tarifs spéciaux pour charges de 10 tonnes.	I. Plomb, fers ouvrés, céréales, sucre, verres, eaux minérales, etc.....	0.0556
	II. Huiles minér., ciment, pierres, briques, rails, tôles, lignites, bois, etc.	0.04375
	III. Houille, fonte, moellons, minerais, pommes de terre, etc...........	0.03325

(1) Voir l'étude de M. Baum, sur les systèmes de tarifs de chemins de fer. 1878

Il y a en outre une taxe d'expédition de fr. 2.50 par tonne, pour les expéditions partielles, et de 1.50 pour les autres expéditions.

Ces taxes, qui remplacent les frais accessoires perçus en France, et les dépassent, grèvent assez lourdement les transports à courtes distances. Ainsi, avec la base kilométrique de 0.03325 la tonne, on trouve que le transport d'une tonne de houille à 300 kil. revient à 0,03825 par kilom., tandis que le même transport à 30 kil. s'élève à 0.08325 comme taxe kilométrique.

On voit que, dans le tarif allemand, c'est la charge qui joue le rôle principal, tandis que dans le tarif austro-hongrois c'est la distance. Il en serait du tarif français comme de ce dernier, si le gouvernement et les Compagnies se mettaient d'accord sur le tarif commun suivant, plus ou moins modifié, que celles-ci ont proposé récemment :

Série	Distance	Cent.		Cent.
1re série	de 0 à 350 k.	16	Tarif décroissant de 1 c.	7
2e —		14	pour chaque	6
3e —		12	zone supplémentaire, de	5
4e —	de 0 à 300 k.	10	100 k.	4
5e —		8	jusqu'à :	3
6e —	de 0 à 40 k.	6	entre 40 et 200 k., 4 c., et au delà 3.	

On peut voir ce que seraient ces séries d'après la classification des Tarifs des chemins de l'État, novembre 1880.

Cette dernière tarification n'a point été adoptée par le gouvernement, parce qu'elle comportait des relèvements partiels de prix, qui résultent presque toujours des tentatives faites pour arriver à la simplification et à l'uniformité des tarifs.

Aux données précédentes, ajoutons encore les taxes minimum suivantes, en divers pays, par tonne et kilomètre :

Le chemin de l'Est français descend jusqu'à 0,0256 pour les pierres de taille brute; à 0,025 pour la houille, par expédition de 100 tonnes, et pour les engrais.

La Société autrichienne a des taxes de 0,0193; et les chemins d'Etat hongrois de 0,0172 en calculant le florin à 2 fr. 15, sa moyenne valeur en 1880.

Les Chemins américains ont appliqué au transport des blés, en 1879, des taxes de 0,017-0,013 et même 0,011.

Ces dernières taxes ne couvrent probablement pas le prix de revient.

Il en est de même du pfennings-tarif, soit 0,0125, dont on a fait grand bruit en Allemagne, et qui est, me dit-on, généralement appliqué aux transports des céréales.

Il faut toutefois remarquer, à ce propos, qu'il y a plusieurs espèces de prix de revient, pour les chemins de fer, comme pour toute autre industrie : ceux où l'on fait entrer la totalité des dépenses ; et ceux que l'on calcule avec une partie de ces dépenses seulement, spécialement afférente au transport que l'on veut exécuter au plus bas prix possible. Si, par exemple, le prix de revient de la première espèce, le prix de revient moyen général est sur un chemin de fer de 0,025 à 3 centimes par kilomètre et par tonne en petite vitesse, il est possible qu'un tarif de 0,015 laisse encore quelque bénéfice. C'est un calcul à faire dans chaque cas important.

Peut-être faut-il reconnaître qu'il n'est point dans la nature des tarifs, pas plus que de beaucoup de choses en ce monde, d'être simples et uniformes ; et qu'ils devraient pour satisfaire tout le monde, réunir des qualités en partie contradictoires : être très bas et cependant suffisamment rémunérateurs du capital employé, à moins que l'impôt ne vienne en aide ; uniformes pour être d'une application facile, permanents pour servir de base à une exploitation quelconque, et cependant variables, flexibles, à la demande du commerce et de l'industrie, pour s'accommoder au temps et aux lieux. Evidemment on ne peut s'en tirer que par des transactions.

Quoi qu'il en soit, on peut conclure des comparaisons précédentes que le trafic des voies ferrées est soumis, en France, à des charges en moyenne peu différentes de celles qu'il supporte dans les grands pays voisins, mais qui peuvent et qui doivent encore être allégées (la Belgique a un tarif moyen de 0,0446 par unité kilométrique, avec une perte importante, il est vrai).

Il faut en conclure encore que, pour diminuer les prix de transport, il ne suffit pas de briser le régime établi et d'y substituer quelque chose de nouveau, comme des chemins d'Etat, ou des Compagnies concurrentes, ou de nouvelles subdivisions régionales. Au fond, il n'y a que deux moyens d'y arriver : la diminution effective des prix de revient, c'est-à-dire des dépenses d'exploitation, ou bien l'abaissement des tarifs, ayant pour conséquence la diminution des recettes, sauf compensation future par l'accroissement du trafic. Voyons quels en seraient les résultats.

Hypothèse sur la diminution des recettes brutes.

§ 36. — La recette brute des six grandes Compagnies a été de près d'un milliard en 1880. Supposons que les tarifs appliqués de toute nature aient été abaissés de 10 0/0 en moyenne seulement, la recette brute aurait diminué de 100 millions, sauf quelque augmentation que la baisse des tarifs aurait pu produire, mais qui aurait été absorbée, en partie au moins, par les dépenses résultant de l'accroissement du trafic. La perte sur le produit net n'aurait donc pas été loin de 100 millions. Pour suivre la répartition de cette perte dans tous ses détails, il faudrait refaire le compte de liquidation d'exercice des six Compagnies, sur de simples hypothèses. Bornons-nous à indiquer approximativement ce qu'il serait advenu de ce compte pour une Compagnie telle que l'Ouest, qui fait appel à la garantie de l'Etat, et pour une autre Compagnie qui s'en passe, telle que la Compagnie Paris-Lyon-Méditerranée.

Sur 125 millions de recette brute, l'Ouest aurait perdu 12,500,000, soit 4 millions de recette nette sur le nouveau réseau et 8 1/2 sur l'ancien réseau. La garantie de l'Etat était de 31,617,352 fr. 22 en 1880 ; l'avance, de 14,124,598.10, reçue de l'Etat par la Compagnie, se serait accrue de cette somme da 12 1/2 millions, savoir : de 4 millions pour diminution du produit net du nouveau réseau, et de 8 1/2 pour diminution de la somme déversée par l'ancien réseau. Le Trésor public aurait donc supporté toute la réduction des tarifs. Il est facile de calculer que cette réduction, si elle était de 20 0/0, non seulement épuiserait toute la garantie de l'Etat, mais diminuerait de plus de moitié le revenu des actionnaires.

Quant à la Compagnie P.-L.-M., une simple réduction de 10 0/0 sur ses recettes brutes qui ont été de 346 millions en 1880, se traduisant, dans notre hypothèse, par une réduction égale sur le produit net à distribuer aux actionnaires, aurait ramené ce dernier de 57 millions 104,402.99 à 22,500,000 environ, c'est-à-dire à 28 francs par action ; par conséquent, bien au-dessous du revenu garanti, qui est de 47 fr. La Compagnie aurait donc été forcée de recourir à la garantie de l'Etat et de lui demander environ 15 millions.

Ainsi, de toutes façons, dans notre hypothèse, c'est l'Etat qui paie. Il n'en serait pas de même si l'on parvenait à diminuer les dépenses d'exploitation ; et c'est en cela que consiste le véritable progrès, dans l'industrie des chemins de fer comme dans toutes les autres.

Hypothèse sur la diminution des dépenses d'exploitation.

§ 37. — On relève, contre les grandes Compagnies, qu'elles exploitent trop chèrement les lignes de faible trafic, qui font partie de leurs nouveaux réseaux, et sont garanties par l'Etat. Voici, à ce sujet, quelques chiffres, extraits de la statistique officielle ou des comptes rendus des Compagnies.

La dépense moyenne, en 1878, par kilomètre exploité sur le nouveau réseau entier concédé, a varié, suivant les Compagnies, de 10,999 fr. à 19,217, et, en moyenne, a été de 14,400. Cette moyenne, pour tout le réseau d'intérêt général concédé, était de 21,974. Sur les chemins de l'Etat, dont la longueur moyenne exploitée en 1878 atteignait déjà 765 kilomètres, la dépense kilométrique n'était que de 6,637. En 1880, pour une longueur moyenne exploitée de 1707 kilomètres, cette dépense s'élevait à 8,338 fr. Mais il faut noter que les chemins exploités par l'Etat n'ont qu'un faible trafic, tandis que les nouveaux réseaux des Compagnies comprennent des lignes de premier ordre.

Il est déjà difficile d'établir des comparaisons utiles entre les exploitations, dans un même pays, par suite des différences entre les recettes kilométriques, les profils, les espèces de trafic, etc.; à plus forte raison d'un pays à un autre. On se sert surtout pour cela des données que l'on appelle *coefficients d'exploitation*, c'est-à-dire rapports de la dépense à la recette.

En 1878, ces coefficients avaient varié, sur les nouveaux réseaux des six grandes Compagnies de 62.6 à 79.2 et avaient été en moyenne de 69.5. La moyenne générale du réseau français, chemins d'intérêt général concédés, était de 50.3. Pour le réseau de l'Etat, ce rapport était de 71.2; mais en 1880, il s'était élevé à 81.71. Comme dans toute exploitation il y a une dépense constante, quelle que soit la recette, on comprend que la comparaison des coefficients est d'autant plus défavorable que la recette kilométrique est plus faible : c'est pourquoi il faut noter ici que cette recette était en 1878 de 20,880 fr., en moyenne sur les 9,374 kil. de nouveau réseau exploité par les Compagnies, et de 9,319 seulement sur les 765 kil. du réseau de l'Etat, morcelé, comme on sait, et situé dans de mauvaises conditions de trafic. La comparaison n'est donc point au fond trop défavorable aux chemins de l'Etat, et cela tient, en partie, je crois, à ce que le personnel de ces chemins a été pris dans celui des Compagnies d'où il a rapporté l'esprit d'économie et d'activité industrielles; à ce qu'il est soutenu par une émulation naturelle et persistante. Mais s'il n'y avait plus que des chemins d'Etat, il est clair que cette situation se modifierait peu à peu, pour faire place au régime purement administratif.

Les coefficients d'exploitation ont été, il y a quelques années, en Belgique, en Suède, en Allemagne, en Prusse, respectivement les suivants : chemins de l'Etat, 67-70-62 et 75.5 ; chemins des Compagnies 56.5-60-52 et 66-4 ; c'est-à-dire que l'Etat a exploité 17 0/0 plus chèrement en moyenne que les Compagnies.

Il est encore un autre élément d'appréciation et de comparaison que l'on fait généralement ressortir : c'est la dépense par kil. de trains. Cette dépense a varié en 1880, sur les nouveaux réseaux des

Compagnies françaises de fr. 2.53 à 3.03, et sur le réseau de l'Etat a été de 2.30, résultat avantageux pour ce dernier. En Autriche-Hongrie, tandis que la dépense moyenne du kilom. de trains était, pour l'année 1875, de fr. 3.71, sur les principaux chemins concédés, elle s'élevait à 4.70 sur les chemins d'Etat hongrois.

Ce n'est donc point sur l'exploitation par l'Etat qu'il faut compter, on pouvait l'affirmer *a priori*, pour abaisser les prix de revient et par suite les tarifs; mais bien plutôt sur l'exploitation industrielle.

Il résulte des traités d'exploitation passés entre la Compagnie de l'Est et l'Etat (voir § 25) pour les chemins de Lérouville-Sedan et de Mirecourt-Chalindrey, que la dépense kilométrique d'exploitation, sur un chemin de faible trafic, avec trois trains par jour dans chaque sens, peut être évaluée à 6,000 fr. par an, comme minimum constant; et augmente avec la recette brute dans une proportion telle que si cette recette brute s'élève, par exemple, à fr. 12,000 par kil., la dépense monte à 8,400. Il en résulte encore que sur le prix de revient du kil. de train (Chalindrey-Mirecourt). fixé largement à 2.60, on peut faire des économies.

Mais il ne faut pas croire qu'il soit si facile de descendre au-dessous des chiffres qui viennent d'être indiqués. Des principales matières que consomme l'industrie des chemins de fer, les unes, telles que les fers et aciers, les combustibles minéraux, ont beaucoup diminué de prix depuis l'origine; d'autres, telles que les bois d'œuvre, les traverses, ont augmenté; d'autres, comme les huiles, les graisses, varient de prix suivant les récoltes ou suivant d'autres circonstances commerciales.

Il se fait de tout cela une moyenne de prix, au-dessous desquels on ne descend guère depuis quelques années. Y eut-il, du reste, à l'avenir, une économie permanente sur l'ensemble des consommations de matières, elle serait plus que compensée par l'accroissement de prix de la main-d'œuvre.

Les Compagnies paient, il est vrai, leurs employés proportionnellement plus cher que l'Etat; mais, jusqu'à présent, du moins, elles les ont choisis et ont exigé d'eux une quantité ou une qualité de travail, en rapport avec leurs traitements.

Si l'on vise les frais généraux, qui figurent dans les statistiques officielles sous le nom de *dépenses d'administration*, on trouve une moyenne, en 1878, de 750 fr. par kil., pour les nouveaux réseaux des grandes Compagnies, et de 674, pour le réseau de l'État. La différence est de 77 fr., et pour les 9,374 kil. des nouveaux réseaux des

Compagnies, de 721,798 fr., c'est-à-dire de 0,0037 de la recette brute. Une pareille économie, en la supposant réalisée, n'aurait pas d'influence appréciable sur les prix de revient, et par suite sur les tarifs.

Est-ce à dire que l'on ne puisse pas exploiter économiquement des chemins secondaires, de faible trafic? Non sans doute, mais pour y arriver, il faut réduire, autant que possible, le personnel de toutes les branches de service, ainsi que le nombre et la vitesse des trains, et cela ne peut se faire qu'aux dépens, dans une certaine mesure, de la sécurité, en tout cas, de la facilité et de la rapidité des communications; par conséquent en résistant aux exigences du public, des contrées traversées, et souvent même du gouvernement.

Réduction des Tarifs par le rachat.

§ 38. — Il n'y a vraiment, à mon avis, qu'une mesure qui puisse déterminer un abaissement considérable des tarifs; une mesure radicale, je le reconnais : c'est le rachat ou une modification équivalente des actes de concession en vigueur. Question que je vais examiner avec une entière indépendance d'esprit; ou plutôt résumer, car ce qui précède me dispense ici d'entrer dans beaucoup de détails.

La question du rachat par l'État des chemins concédés, indiscutable en droit, doit être, au point de vue des intérêts engagés, envisagée sous trois aspects principaux : l'intérêt général, l'intérêt des finances de l'État, et l'intérêt des Compagnies, c'est-à-dire des actionnaires.

Quant à ces derniers, nous avons vu (§ 31) que le rachat les laisserait à peu près sans changement dans la situation actuelle, sauf pour une Compagnie. Ils perdraient il est vrai les plus-values éventuelles de revenu résultant de l'accroissement du trafic; mais ils gagneraient, en compensation, la consolidation de ce revenu. Or cette compensation a une importance sérieuse pour les Compagnies, qui ne sont point toutes dans la même situation par rapport aux garanties de l'État, et aux conséquences financières du rachat; mais qui toutes auront à subir ou la construction à leurs propres frais, de chemins peu productifs, ou la concurrence de lignes nouvelles. Sans doute, si l'extension des voies ferrées s'arrêtait aujourd'hui, si les Compagnies n'étaient plus troublées dans leur possession par des chemins d'État, des chemins locaux, des chemins de concurrence ; si les réductions de tarifs ne leur étaient point imposées par l'opinion publique, par le gouvernement, par le progrès naturel des choses, par leur propre impulsion, le revenu des Compagnies qui n'ont point fait appel à la garantie, continuerait de croître; et celles dont l'État est créancier, pourraient plus ou moins facilement lui rembourser ses avances, pour entrer à leur tour dans la période d'augmentation des dividendes. Mais il est possible que les choses ne se passent pas ainsi; que les avances de l'État aillent croissant, et que plusieurs Compagnies continuent à parfaire leurs dividendes avec les prêts du Trésor, situation anormale, dangereuse, et qu'il importerait aux actionnaires eux-mêmes de faire cesser; car elle aboutirait à une espèce de faillite dont les conséquences ne sont point clairement établies par les cahiers des charges, dans le cas où, soit au moment du rachat, soit à l'expiration de la concession, les Compagnies devraient à l'Etat des sommes dépassant la valeur de leur matériel et de leurs inventaires.

Il faut rappeler enfin que la garantie ne s'étend pas à toute la durée des concessions, mais seulement aux cinquante premières années, à partir de 1865, c'est-à-dire, jusqu'en 1915. Si à cette époque les produits nets n'avaient point fait des progrès suffisants, les dividendes actuels de certaines Compagnies pourraient être atteints. C'est une éventualité dont il faut tenir compte.

En ce qui concerne l'intérêt général, il importe assez peu au public par qui et comment sont exploités les chemins de fer, pourvu qu'il y trouve sécurité, bon marché, rapidité, commodité, etc., tous les avantages, en un mot, qui, sans s'exclure précisément, sont difficiles à concilier, et auxquels il faut ajouter les égards que le commerce a pour la clientèle, substitués à la raideur et à la hauteur administratives : il serait bien qu'un chef de gare ou de bureau ne ressemblât point à un sous-préfet. Reste à savoir par quels moyens on peut le mieux satisfaire aux légitimes exigences du public; et c'est en cela que ce dernier est fortement intéressé aux combinaisons qui seraient la conséquence du rachat.

Nous avons déjà vu (§ 31), à propos de la Compagnie d'Orléans, que *théoriquement*, l'opération du rachat se résolvait par une sorte d'équation en vertu de laquelle le Trésor public recevait autant qu'il payait, à toute époque de la concession, l'annuité à servir aux actionnaires devant toujours être égale au revenu net des chemins rachetés, pendant la dernière année de l'exploitation de la Compagnie. La chose n'est cependant point aussi simple que cela, et demande à être examinée de plus près.

L'État a, jusqu'au 31 décembre 1880, avancé aux Compagnies, en exécution de sa garantie, une somme de 648 millions environ, qui a été distribuée en dividendes ou en intérêts.

Cette avance a pour couverture, sans solidarité entre elles, leur matériel roulant, et la valeur de leurs inventaires. Du moment où cette couverture devient insuffisante, les avances du Trésor courent le risque de rester gratuites, car les reprises de l'Etat ne peuvent s'exercer que sur un objet déterminé, savoir les excédents de produit net des lignes garanties, tels qu'ils sont définis par le cahier des charges (§ 16); même le domaine privé de la Compagnie lui échappe. Dans ces conditions, il paraît du devoir strict du gouvernement de soustraire le Trésor public à cette éventualité et de rentrer, le plus tôt possible, en possession des chemins, s'il en existe, dont l'insolvabilité finale est probable.

Mais, laissons de côté cette éventualité; supposons que, par des considérations quelconques, l'Etat se soit déterminé au rachat, qu'arriverait-il ensuite?

Retour aux dispositions de la loi de 1842.

§ 39. — Pour s'en rendre compte et ne pas se perdre dans des discussions indéfinies, il faut s'arrêter à un système ; et ce système, ce qui précède l'a fait suffisamment pressentir, c'est le retour à la loi de 1842, c'est-à-dire au bail d'exploitation, avec des conditions plus simples, moins aléatoires, et, s'il est possible, plus avantageuses au public.

Pour continuer l'exemple précédemment choisi, admettons que le rachat s'applique à l'Orléans. Voici l'État en possession des 4,460 kil. actuellement exploités par cette Compagnie, auxquels il ajoute les 1,820 k., qu'il exploite lui-même et qui sont enchevêtrés dans le réseau d'Orléans, total, 6,280 kilom. Un pareil réseau, sous une direction unique d'exploitation, serait déjà bien étendu, et cependant il devrait encore s'accroître beaucoup par la construction des chemins en cours d'exécution ou projetés et par l'adjonction inévitable des lignes d'intérêt local.

On le partagerait donc en plusieurs groupes, formés chacun d'une ligne centrale et des chemins secondaires coordonnés sur cette ligne. On aurait ainsi les réseaux partiels Paris-Bordeaux, Orléans-Toulouse, Paris, ou peut-être Tours-Nantes.

Une combinaison de cette nature a déjà été indiquée (*Réforme des Chemins de fer*, n° du 15 décembre 1879 et ailleurs), mais avec cette variante que les chemins secondaires de faible trafic seraient groupés en réseaux spéciaux, pour être exploités avec plus d'économie. Je ne partage point cet avis : je crois que la direction d'une Compagnie qui exploite 1,500 à 2,000 kilom. de grandes lignes est apte à exploiter les petits chemins voisins d'une manière plus satisfaisante sous tous les rapports, et en particulier plus économique, qu'une direction spécialement installée pour ces chemins. Si l'on avait quelque part une exploitation très économique à organiser, je conseillerais fortement de choisir pour cela, sur une ligne de grand trafic, un chef de service intelligent.

Il s'agirait ensuite de faire des traités d'exploitation. Ici, deux systèmes se présentent : celui de la régie intéressée, tel qu'il est pratiqué avec l'Est pour plusieurs chemins non concédés ; et celui du bail d'exploitation, c'est-à-dire de la loi souvent rappelée de 1842, qui me paraît préférable, comme étant plus conforme à l'esprit d'entreprise et d'industrie de notre époque.

On comprend que, en l'absence de contradicteurs et sans données précises, je n'ai point la prétention de discuter et d'établir les détails d'une opération aussi considérable. Je me borne à en indiquer quelques traits principaux.

Après le rachat du réseau d'Orléans et sa fusion avec les chemins de l'État, ce dernier se trouverait en possession, comme nous l'avons vu, de 6,280 kilom. (fin 1880), du matériel roulant et des approvisionnements correspondants.

Le capital de premier établissement de ces 6,280 kilom. est d'environ 2,228 millions.

Le revenu net a été, en 1880, de fr. 91,400,000 pour tout le réseau d'Orléans, et de 3,084,000 sur le réseau de l'État, chiffre qu'il faut porter à 3,230,000, en tenant compte de ce que les 1,820 k. de l'État n'ont été exploités que pendant une partie de l'année 1880, soit en totalité 94,630,000. Les impôts sur les transports, pour les deux réseaux, ont rapporté au Trésor public 15,519,000, avec la même correction de longueur exploitée.

Pour arriver à cette situation, l'État aurait à payer à la Compagnie ou bien une annuité de 91,400,000, ou bien une annuité (ici nous entrons dans le domaine des suppositions, faute de chiffres connus) de 90,000,000, plus une somme de 40 millions (§ 31) pour les lignes rachetées en capital ; cette dernière somme pouvant être en partie couverte par l'excédent des avances de l'État, pour garantie, sur la valeur du matériel et des approvisionnements.

La question paraît litigieuse : admettons le cas le plus défavorable à l'État, c'est-à-dire le payement effectif des 40 millions.

Les deux ou trois Compagnies fermières qui succéderaient à la Compagnie d'Orléans recevraient en location de l'État le matériel roulant. Cette location, payée d'une part à l'État, prélevée d'autre part sur les recettes nettes par les fermiers, disparaîtrait du résultat final, ce qui revient à dire que l'État louerait le chemin muni de son matériel roulant.

A raison de 9 à 10,000 fr. par kilom., les fermiers auraient à fournir, pour fonds d'approvisionnement et de roulement, une soixantaine de millions, dont la moitié à peu près reviendrait à l'État, qui vendrait aux fermiers les approvisionnements repris de la Compagnie concessionnaire et les siens propres.

Pendant une durée de bail de 25 ans, il suffirait d'une annuité de 4,200,000 fr. pour payer l'intérêt à 5 0/0 et l'amortissement du capital de 60 millions.

C'est là un sacrifice que l'État devrait supporter, en déduction du produit net actuel de 94,630,000 fr.

Cette annuité ne suffirait point cependant pour intéresser les Compagnies fermières : il faudrait en outre leur attribuer une participation dans l'accroissement des bénéfices, accroissement qui, d'ailleurs, ne tarderait pas à dépasser la perte immédiate faite par l'État dans la transition de la concession à la ferme, étant admis, bien entendu, que les tarifs et les impôts restassent les mêmes.

Parmi les chiffres précédents, il y en a qui sont tirés des documents officiels, d'autres sont seulement évalués. Mais il ne s'agit ici que de chiffres approximatifs.

On peut cependant en conclure que le Trésor public n'aurait pas de grandes pertes à subir dans l'opération du rachat, appliquée spécialement au réseau d'Orléans. Ces pertes se composeraient, en effet, des 4,200,000 fr. formant la rémunération des nouveaux capitaux engagés et de l'intérêt à 4 0/0 des 40 millions payés pour rachat, en sus de l'annuité, atténués des 30 millions d'approvisionnement vendus aux Compagnies fermières, c'est-à-dire environ 4,600,000. Moyennant ce sacrifice, compensé par l'augmentation progressive des produits nets, l'État serait affranchi des éventualités de payement pour garanties, et retrouverait la libre disposition des tarifs.

Transformation des grandes Compagnies en Compagnies fermières

§ 40. — Parmi les diverses combinaisons qui pourraient être tentées, il en est une qui se présente assez naturellement : c'est celle par laquelle les Compagnies rachetées continueraient l'exploitation de tout ou partie de leurs réseaux, en vertu de nouveaux traités analogues à ceux qui ont été précédemment résumés ou esquissés.

Ces Compagnies, ayant tous leurs services organisés, pourraient offrir à l'Etat les conditions les plus avantageuses, tout en opérant, avec le moins de trouble possible, le passage de la concession au bail. Le rachat ne serait point alors sans analogie avec une conversion de Rente acceptée par les rentiers, à cette différence près toutefois que les conversions donnent un bénéfice, tandis que le rachat irait difficilement sans quelque perte au début pour le trésor public. Dans ce cas, d'ailleurs, il serait à peine utile de dédoubler immédiatement les grands réseaux.

Cette combinaison mérite d'être soigneusement examinée, car il ne faut point détruire à la légère ces organismes puissants que l'on appelle les grandes Compagnies, qui ont rendu et pourront encore rendre de grands services ; disperser et soumettre aux influences changeantes de la politique, un personnel qui est et qui doit rester simplement technique et dévoué à ses fonctions.

Quelques personnes pensent que le rachat des chemins de fer donnerait beaucoup de force au gouvernement en mettant à sa libre disposition leur nombreux personnel et les prix de transport.

C'est, suivant moi, la principale objection que l'on puisse élever contre le rachat, ou plutôt, car il ne faut pas confondre les deux questions, comme je l'entends faire à chaque instant, contre l'exploitation par l'Etat.

Quand donc cessera-t-on en France, de demander, comme les grenouilles, des rois, des empereurs ou des *gouvernements forts ?*

Quoi qu'il en soit, dans l'hypothèse où nous nous sommes placés, les actionnaires et les obligataires de l'ancienne Compagnie recevraient bien ce qui leur est dû ; les nouvelles Compagnies y trouveraient probablement leur compte, et l'Etat n'y perdrait pas beaucoup; mais on ne voit pas ce que le public y gagnerait, si les impôts et les tarifs de transport restaient les mêmes, et c'est ici, encore une fois, le fonds et le tréfonds de la question.

Il est certain, en effet, je le répète, que ni l'Etat exploitant lui-même, ni de nouvelles Compagnies fermières n'offriraient à la circulation plus de sécurité, de rapidité et de commodité, ajoutons si l'on veut, d'aménité, que l'on ne peut en obtenir des Compagnies actuelles, sous la pression inévitable de l'opinion publique et du gouvernement. Si l'opération du rachat devait avoir pour unique résultat de disloquer les grands réseaux pour en faire de petits, de substituer aux concessions qui ont encore une durée de 75 ans environ, des baux d'exploitation à terme plus ou moins court, ou des régies intéressées ; de remettre même entre les mains de l'Etat la libre disposition des tarifs, sans que cette libre disposition se traduisît par une large diminution des prix de transport, cette opération ne vaudrait pas la peine d'être tentée ; elle ne vaudrait pas l'émotion, le trouble, les mécomptes peut-être, auxquels elle peut donner lieu.

Voyons s'il pourrait en être autrement.

Condition nécessaire du rachat.

§ 41. — Bien avant l'époque des chemins de fer, l'Etat, les départements, les communes avaient employé des sommes considérables à la construction des routes, des chemins, des canaux, des ports, des voies et moyens de communication, en un mot. Sauf quelques droits de péage, successivement réduits ou disparus, l'Etat ne tirait aucun profit direct de ces constructions, aucun revenu des dépenses ainsi faites dans l'intérêt public. La nouveauté des chemins de fer, l'énormité des capitaux à réunir dans un temps relativement très court, leur usage restreint surtout et leur mode obligé d'exploitation, y ont introduit un tout autre régime que celui de la *gratuité*; en ont fait des entreprises industrielles, et quelquefois même des objets de pure spéculation.

On peut soutenir que ce nouveau régime était indispensable au rapide développement des voies ferrées; mais personne ne prétendra sans doute qu'il doive nécessairement durer toujours. Pour moi, je suis convaincu que, à l'expiration des concessions, n'ayant point d'annuités de rachat à payer, l'Etat abandonnerait la plus grande partie des bénéfices de l'exploitation, pour abaisser d'autant les tarifs. Mais un délai de 75 ans, c'est bien long à attendre, dans la vie des sociétés modernes; et c'est, au fond, le véritable motif qui soulève la question du rachat.

Cette question devrait être ainsi traitée, suivant moi :

Pour que l'opération du rachat ne se bornât pas à d'inutiles changements de choses et de personnes, à des pertes de forces vives; pour qu'elle fût véritablement et clairement profitable à tous, il faudrait que l'Etat fût décidé à renoncer à l'impôt sur les transports, et à l'intérêt du capital qu'il aurait consacré à l'exécution des chemins de fer, en vertu de la loi de 1842, si cette loi avait pu être partout et toujours exécutée, c'est-à-dire à l'intérêt de la moitié à peu près du capital du premier établissement.

Nous avons vu (§ 39) que les réseaux fusionnés d'Orléans et de l'Etat pouvaient rapporter actuellement 90,430,000 fr. comme prix de bail, et 15,519,000 comme impôt sur la grande vitesse, soit en tout 105,949,000 fr., et représentaient un capital de 2,280,000,000 de fr., déduction faite de la valeur des approvisionnements.

La recette brute correspondante a été de 206,516,000 fr. Si l'État, sous une forme ou sous une autre, faisait don au public de l'intérêt à 5 0/0 de la moitié environ du capital de premier établissement, soit de 50 millions en nombre rond, toutes choses égales, d'ailleurs, la recette brute, et par suite la recette nette (impôt compris), diminueraient de la même somme. Les tarifs pourraient alors être réduits en moyenne de 25 0/0, et, comme il n'y aurait pas lieu de réduire indistinctement et également tous les prix sur toutes les lignes, quelle que soit leur quantité de trafic, on pourrait sans doute porter la réduction jusqu'à 40 0/0 sur certains articles de transport à grandes distances, qui intéressent le plus l'agriculture et l'industrie.

S'il suffisait de multiplier par quatre les chiffres précédents ; si, pour rentrer en possession des 24,600 kilomètres actuellement exploités, et pour abaisser les prix de transport de 25 0/0 en moyenne, il suffisait d'un sacrifice annuel de 200 à 250 millions de la part du trésor public, certes la somme est importante, et une réduction aussi considérable de recettes à supporter par le budget mériterait un sérieux et prudent examen. Mais d'abord l'Etat paraît prêt à abandonner la moitié de l'impôt sur la grande vitesse, soit une quarantaine de millions (1). Il est probable ensuite qu'une réduction de tarifs largement faite imprimerait au trafic une vive impulsion, qui compenserait, dans une certaine mesure, les diminutions immédiates de produit net. L'État enfin ne peut entreprendre et réaliser les transports à bon marché, sauf par la construction très controversée des voies navigables, que par une pareille opération, dans laquelle, d'ailleurs, il court à peine le risque de dépasser la mesure, parce que toute diminution de recette brute profite entièrement au public, et, en augmentant la richesse nationale, tend à faire rentrer au trésor, en partie au moins, sous toutes les formes de l'impôt, les sommes abandonnées sur les prix de transport.

Ce serait, en tout cas, une entreprise hardie, dont il faudrait, avant de la décider, bien calculer les bases, évaluer les avantages futurs et les charges immédiates, mesurer toutes les conséquences financières et politiques, qui pourrait produire de grands résultats et ne serait peut-être pas au-dessus des efforts d'un grand et riche pays.

Il importerait moins alors de savoir à qui, de l'État ou des Compagnies, il appartiendrait de modifier les tarifs. Après une pareille réduction, l'État pourrait en fixer le maximum pour 20 à 25 ans, et les baux d'exploitation faits à prix ferme conserveraient, dans une mesure suffisante, le caractère d'entreprise industrielle. Il faudrait toutefois examiner si, même pendant cette période de 25 ans, les tarifs ne devraient pas conserver une certaine flexibilité en rapport avec les exigences variables de la production et du commerce.

(1) Les impôts de toute nature se rattachant à l'industrie des chemins de fer ont produit, en 1878, 161 millions, dont 80 pour la grande vitesse, 21 pour timbres des documents de transport. Parmi les autres impôts, ceux de transmission, 12 millions; du revenu, 17; du timbre des titres, 7, seraient, en tout cas, à maintenir.

Les réductions de prix, car c'est toujours de réductions qu'il s'agit, pourraient être, dans ce cas, étudiées et décidées par une commission mixte, composée des représentants des ministres des travaux publics et du commerce, d'une part, des Compagnies d'autre part ; et si ces représentants ne pouvaient s'accorder, la décision serait remise au ministère des finances, qui, placé, par ses fonctions entre l'intérêt gouvernemental et l'intérêt spécial du Trésor, paraît réunir les conditions désirables d'impartialité.

Il devrait en être de même, *a fortiori*, s'il s'agissait d'exploitation en régie intéressée. En aucun cas, un ministre seul ne devrait rester maître absolu des tarifs.

Mais il nous faut maintenant constater que le rachat du réseau total des chemins d'intérêt général ne se présente point dans les mêmes conditions que le rachat du réseau d'Orléans, et que la loi de 1874, en particulier, aurait actuellement des conséquences fort onéreuses pour le trésor.

En effet, les chemins dont la concession aux grandes et petites Compagnies remonte à moins de 15 ans, c'est-à-dire est postérieure à l'année 1868, ont une longueur totale de 5,800 kilomètres environ.

La plus grande partie de ces chemins, concédés en 1875 et années précédentes, sont ou vont être mis en exploitation, auront coûté 1,650,000,000, à raison de 280,000 fr. le kilomètre au moins et rapportent fort peu, de 1 à 2 0/0 peut-être (1). Il n'est pas douteux que les Compagnies, ayant l'option, d'après la loi précitée, ne préfèrent, en cas de rachat, le remboursement au prix de revient à l'annuité égale au produit net correspondant. L'État perdrait donc environ 3 0/0 sur le capital, soit, par an, une cinquantaine de millions de francs, et peut-être plus, sans compter l'inconvénient de pousser ses emprunts à outrance.

D'autre part, la valeur du matériel roulant des six grandes Compagnies est (fin 1880) de 1,200,000,000 en nombre rond, et celle de leurs approvisionnements de 120,000,000. On peut négliger celle-ci, qui serait restituée par les Compagnies fermières. Mais le remboursement du matériel roulant ne serait compensé que jusqu'à concurrence de 648,000,000, montant des avances faites aux Compagnies, en exécution des garanties. L'État aurait donc, de ce chef, une nouvelle dépense de 552,000,000 et une perte annuelle d'environ 22 millions,

(1) Les statistiques officielles pour 1878 font ressortir la dépense de construction par kilomètre, des nouveaux réseaux des grandes Compagnies, à 393,803 fr., et le revenu net à 1.5 0/0. Les mêmes données pour les lignes secondaires d'intérêt général sont 347,000 fr. et 1.83 0/0.

et encore ceci suppose-t-il que l'État trouverait quelque moyen de recouvrer les différences qui, pour deux Compagnies, existent entre ses créances et ses reprises. Autrement, cette perte se trouverait encore augmentée.

Ainsi, en tenant compte du rachat en capital de certaines lignes, du remboursement d'une partie du matériel des grandes Compagnies, et de la rémunération du nouveau capital à fournir par les Compagnies fermières, on voit que le rachat immédiat de tous les chemins d'intérêt général concédés, imposerait à l'État des charges directes, telles qu'un abaissement notable et simultané des tarifs, ne pourrait se faire sans grever trop lourdement le budget ; tandis que, en attendant l'expiration du délai de 15 ans, pour toutes les concessions antérieures à 1876, c'est-à-dire jusqu'en 1790, l'État pourrait substituer au rachat en capital de presque toutes les lignes qui y sont soumises par la loi, le rachat par annuités, sauf à indemniser les actionnaires trop maltraités par cette opération, et économiserait ainsi plus d'un milliard.

Le rachat immédiat et total se trouvant écarté, ou du moins différé, par les motifs qui viennent d'être indiqués, il reste à examiner s'il conviendrait d'opérer un rachat partiel, celui de l'Orléans, par exemple, dont les conditions ont été analysées ci-dessus avec plus de précision. Cette opération ainsi restreinte présente même, il faut le reconnaître, de sérieuses difficultés, non pas en elle-même, mais pour produire les résultats que le public attend du rachat en général.

Il n'est pas admissible, en effet, que l'État abaisse les tarifs en consentant une forte réduction des recettes brutes du réseau racheté, et impose par là au Trésor une perte, égale à cette réduction, qui serait supportée par tous les contribuables, et profiterait cependant presque exclusivement à la zône ouest-sud-ouest de la France. La diminution des prix de transport, qui est le but et qui serait la conséquence forcée du rachat, ne doit avoir lieu, en un mot, que simultanément pour tout le pays.

En attendant l'expiration de ce délai de 8 à 9 ans, bien court dans la vie d'un peuple, le temps pourrait d'ailleurs être utilement employé à étudier, à établir toutes les conditions et toutes les conséquences probables du rachat de chaque réseau, à éclairer l'opinion publique qui est en somme peu au courant de cette grave question ; à tenter enfin une grande expérience en donnant à bail le réseau actuel des chemins de l'État, complété, amélioré par des rachats partiels, faits à l'Orléans et à l'Ouest, de manière à en lier toutes les parties entre elles, et avec les grands centres de population et de trafic. Il y a là du travail pour quelque temps.

Cette situation d'attente n'est point cependant sans inconvénient. L'éventualité du rachat suspendue sur la tête des Compagnies ne serait point propre à encourager leurs efforts pour achever la construction des lignes concédées, améliorer leur exploitation, entrer dans les vues et les désirs du gouvernement et du public par des abaissements progressifs de tarifs. Elles auraient un intérêt évident à différer des travaux utiles, à maintenir l'entretien dans des limites étroites, à diminuer leurs dépenses en un mot, et à augmenter, quand ce ne serait que momentanément, leurs produits nets, afin de faire profiter d'autant les annuités du rachat prévu et annoncé.

A ces inconvénients, je ne vois qu'un remède : la ferme volonté du gouvernement d'exiger la stricte exécution des stipulations du cahier des charges, et des actes de concession, d'une part ; de l'autre, chez les administrateurs et directeurs des Compagnies, l'honorabilité, la responsabilité de leur gestion, et la conscience du devoir professionnel à remplir, quoiqu'il arrive.

Il ne faut point se dissimuler, toutefois, que l'on entre dans une crise dont il importerait à tout le monde de sortir au plus tôt, et peut-être serait-il possible, par cela même, d'en préparer et d'en négocier, dès à présent, le dénouement avec les Compagnies.

Conclusion. § 42. — Au risque de me répéter, je voudrais encore résumer et conclure :

Le premier établissement des chemins de fer a donné lieu en France, à des tentatives avortées, à des essais de toute nature, à des difficultés qui n'ont été surmontées qu'avec l'aide et le concours de l'État.

Ce concours s'est produit sous toutes les formes : subventions en travaux, en argent, en annuités, garantie d'intérêts, revenu réservé, etc. Toutes les combinaisons ont été successivement ou simultanément adoptées : concessions, baux et traités d'exploitation, chemins d'intérêt général, d'intérêt local, chemins d'État. On ne peut certainement pas accuser l'administration d'inflexibilité et de parti pris, dans la question des chemins de fer.

De toutes ces combinaisons la meilleure était la loi de 1842 qui ne laissait à la charge des Compagnies que la moitié environ de la dépense de premier établissement, et permettait de passer avec celles-ci, des traités ou baux d'exploitation d'une durée relativement restreinte. Si l'avenir avait pu être clairement prévu, il est probable que cette loi eut été presque exclusivement appliquée.

C'est le système des concessions de 99 ans qui a prévalu. Mais il est juste de reconnaître que ceux qui l'ont adopté, y ont introduit un correctif radical, avec la clause de rachat, à l'expiration des quinze premières années de la concession.

A toute époque, soit en cas de rachat, soit à la fin des concessions, l'État devra se conformer aux principes suivants.

Ne pas exploiter lui-même, si ce n'est quelques sections de chemin-école pour les transports militaires.

Ou bien faire avec les anciennes Compagnies de nouvelles conventions pour la durée, les tarifs, etc., ou bien, si l'on ne peut s'entendre avec elles, redistribuer tous les chemins en réseaux bien coordonnés, d'une étendue suffisante pour maintenir les frais généraux dans des limites acceptables, et pas trop grande, afin que le contrôle et l'unité d'action du service central s'y étendent facilement d'une extrémité à l'autre.

Éviter les concurrences qui seraient ruineuses entre le Trésor public et les Compagnies ; et illusoires entre les Compagnies elles-mêmes, car on ne peut les obliger à se battre à coups de tarifs, en leur interdisant de faire la paix.

Conclure en tout cas des baux d'exploitation qui conservent autant que possible le caractère d'entreprise industrielle, et qui aient la durée strictement nécessaire pour assurer à un taux convenable l'intérêt et l'amortissement des capitaux, dès lors bien réduits, qui y seraient engagés.

Ne traiter en tout cas, soit par convention, soit par adjudication, qu'avec des Compagnies qui donnent les plus sérieuses garanties d'une bonne exploitation.

C'est une erreur de croire que l'État trouverait un avantage financier à attendre la fin des concessions, parce que, seulement alors, il rentrerait gratuitement en possession des chemins concédés. Le rachat imposerait, il est vrai, à l'État le payement d'une annuité énorme ; mais il lui donnerait théoriquement du moins, en contre-valeur égale, le produit net des chemins rachetés. De toutes façons, une date mémorable dans l'histoire du budget, sera celle où l'État jouira du produit net des chemins de fer, sans rien payer, ou en cessant de payer l'annuité de rachat.

Tout ceci étant admis, il ne reste que deux systèmes en présence : ou le rachat sous les conditions indiquées plus haut ; ou le maintien et le développement continu des grandes Compagnies, dans leur situation actuelle.

Ce dernier système ne semble pas pouvoir durer encore 75 ans, parce que les avances faites par l'État à certaines Compagnies, vont toujours croissant, constituent ces Compagnies dans le même cas que si elles empruntaient chaque année pour donner des dividendes, et menacent de les laisser insolvables à la fin de la concession ; parce que, l'accroissement annuel des recettes sur lequel on compte pour changer cette situation est ou sera compromis par les réductions inévitables des tarifs, par la concurrence et la pénétration, dans les grands réseaux, des chemins de toute dénomination, mais surtout des chemins d'État, qui les envahissent et qui finiront par les disloquer ; parce que, sans parler des reproches peu fondés de monopole et d'aristocratie financière, les Compagnies qui sont riches et puissantes, ou qui paraissent l'être, ont contre elles le goût du changement, l'instabilité propre aux institutions modernes, un courant d'opinion auquel il sera difficile de résister.

Le rachat est donc une question de temps et d'opportunité ; toutefois parmi les motifs précédents il n'y en a pas un de décisif. Les actionnaires actuels pourraient être désintéressés ; l'État pourrait à la rigueur, y trouver son compte. Mais qu'y gagnerait le public ? de nouvelles Compagnies d'exploitation, pas plus que l'État lui-même, ne lui donneraient plus de sécurité, et de rapidité dans les transports, plus d'économie dans leur gestion, et, comme résultat d'économie, des tarifs plus réduits.

La seule raison déterminante du rachat serait un abaissement considérable des tarifs. L'État seul peut le faire, en sacrifiant successivement une partie des recettes brutes, correspondant à l'intérêt du capital employé à l'infrastructure, comme il l'a fait pour les routes, les ports, les canaux.

L'État seul peut le faire, parce que ce qu'il perdrait d'un côté, le pays le gagnerait de l'autre ; parce que les diminutions immédiates de recettes seraient, en partie au moins, compensées par les accroissements futurs du trafic, et par les augmentations d'impôts de toute nature, résultant du développement de la richesse publique.

Ce serait, comme je l'ai dit, une entreprise hardie, qui réaliserait enfin la promesse des transports à bon marché, et permettrait aux producteurs français de lutter avec avantage contre leurs concurrents étrangers.

Mais changer par amour du changement, pour céder à une opinion publique plus ou moins éclairée ; pour satisfaire des compétitions plus ou moins légitimes ; pour mettre ceci à la place de cela, les uns à la place des autres, sans plan bien étudié, bien arrêté et sans avantage décisif pour le public, ce serait une aventure peu recommandable qui au lieu de profiter au pays, et de fortifier le gouvernement, pourrait devenir une cause de mécontentement, de faiblesse, et de graves embarras.

Dans tous les cas, par suite des conditions de rachat établies par la loi de 1874, cette opération n'est pas admissible actuellement pour l'ensemble des chemins concédés : elle doit être ajournée jusque vers 1890.

En attendant le gouvernement doit s'appliquer a établir, aussi nettement que possible, pour lui, pour les Compagnies, pour le public, les conditions et les conséquences du rachat. Il doit compléter, par des rachats partiels, le réseau des chemins de l'État, et en donner à bail l'exploitation. Il doit enfin chercher à abréger la crise actuelle, en négociant à propos avec les Compagnies, les moyens d'en sortir.

Paris. — Imp. Nouv. (ass. ouv.), 11, rue Cadet. — G. Masquin, direct.

TABLE DES MATIERES